AF573887

PARIS

BRASSAÏ

Flammarion

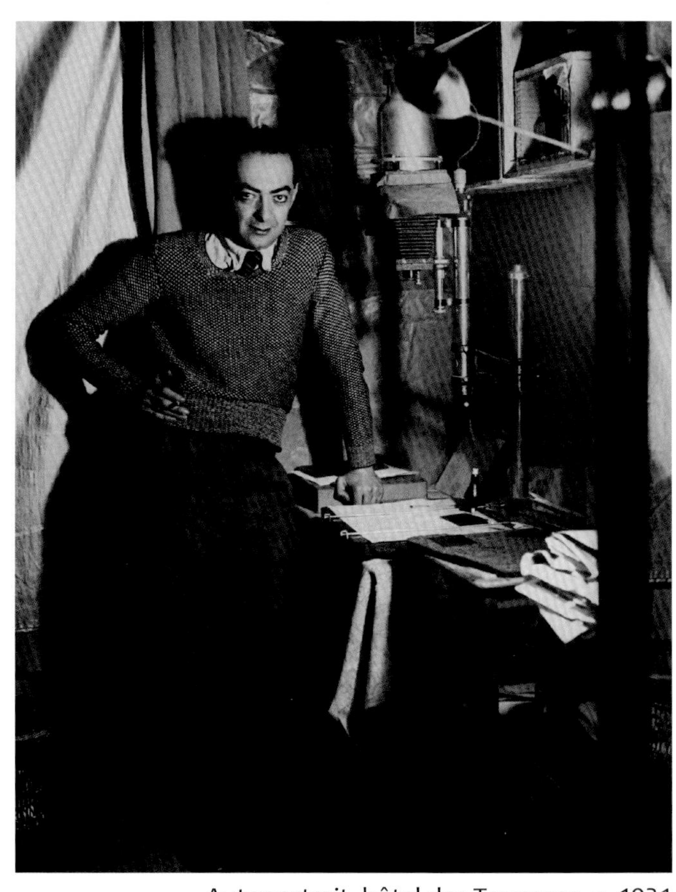

Autoportrait, hôtel des Terrasses, c. 1931
Self-portrait, Hôtel des Terrasses

« J’étais à la recherche
de la poésie du brouillard
qui transforme les choses,
de la poésie de la nuit
qui transforme la ville,
la poésie du temps qui
transforme les êtres… »

“I was on a quest for the
poetry of the fog that
transforms things,
the poetry of the night that
transforms the city,
the poetry of time that
transforms all creatures.”

Brassaï, note manuscrite, sans date / undated manuscript note

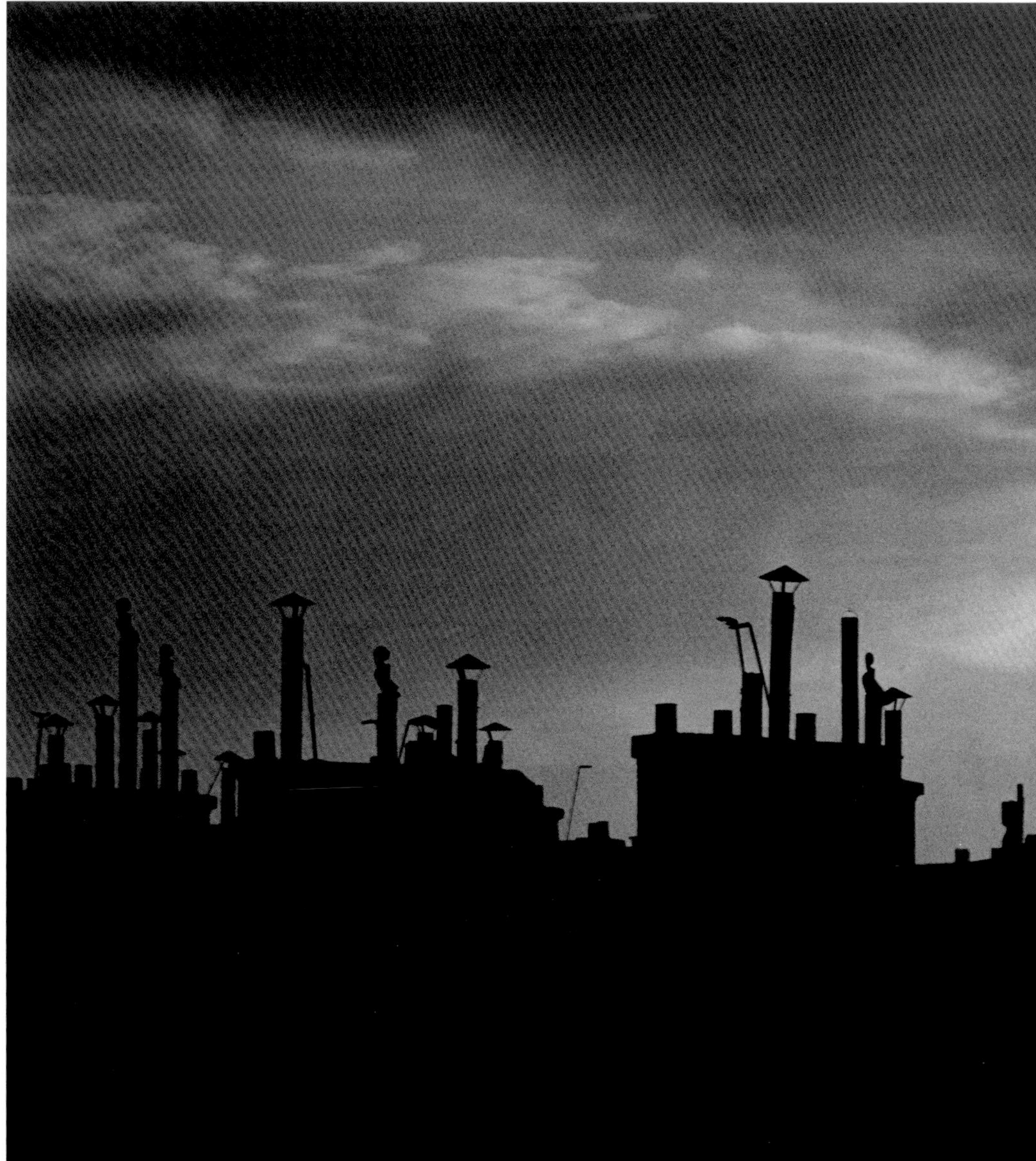

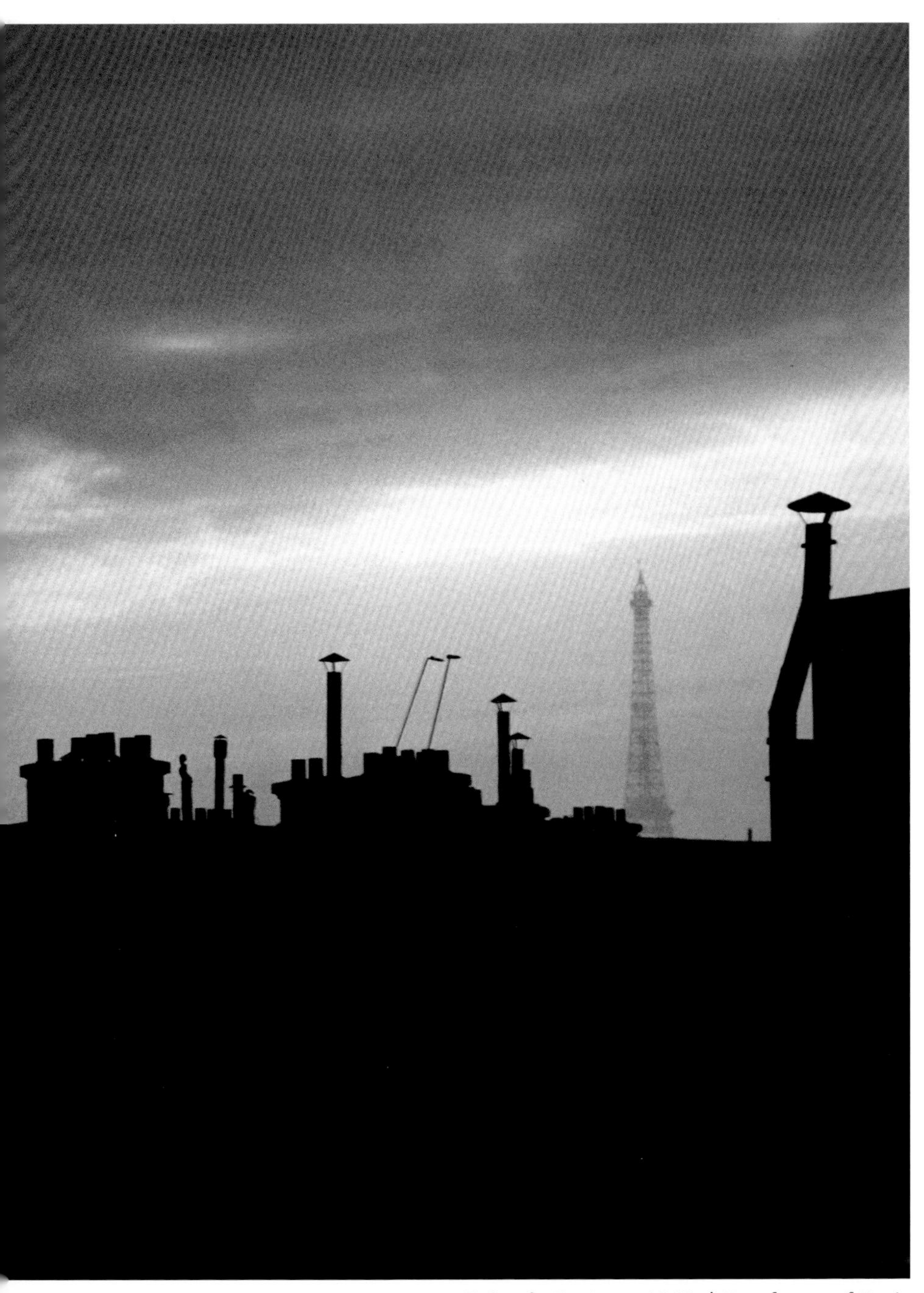

Toits de Paris, c. 1940 / Rooftops of Paris

▸ Murs de l'ancien bal Bullier (« Crème éclipse-bébé »), c. 1933
Walls of the former Bal Bullier dance hall

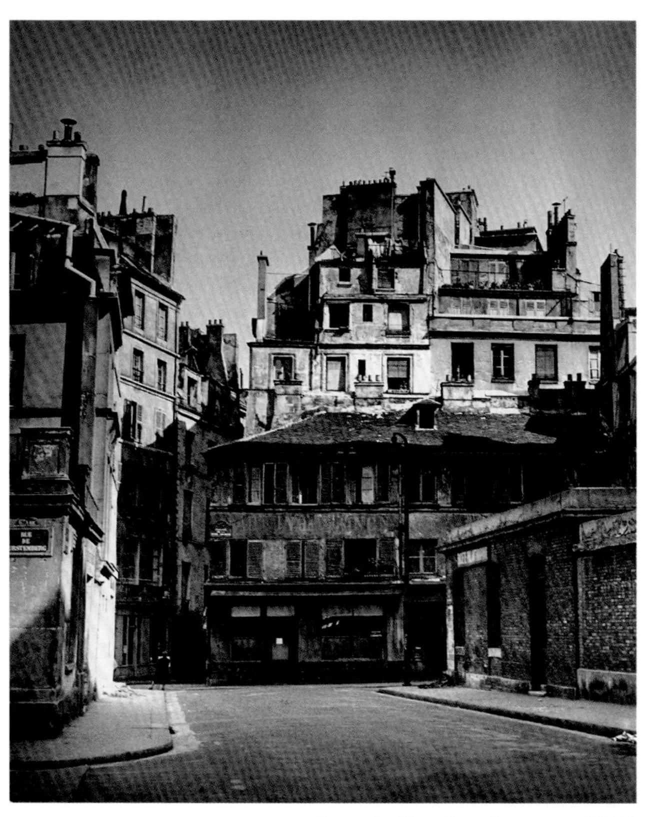

Rue de Furstemberg, c. 1931

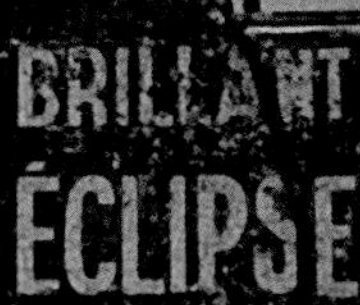
BRILLANT
ÉCLIPSE

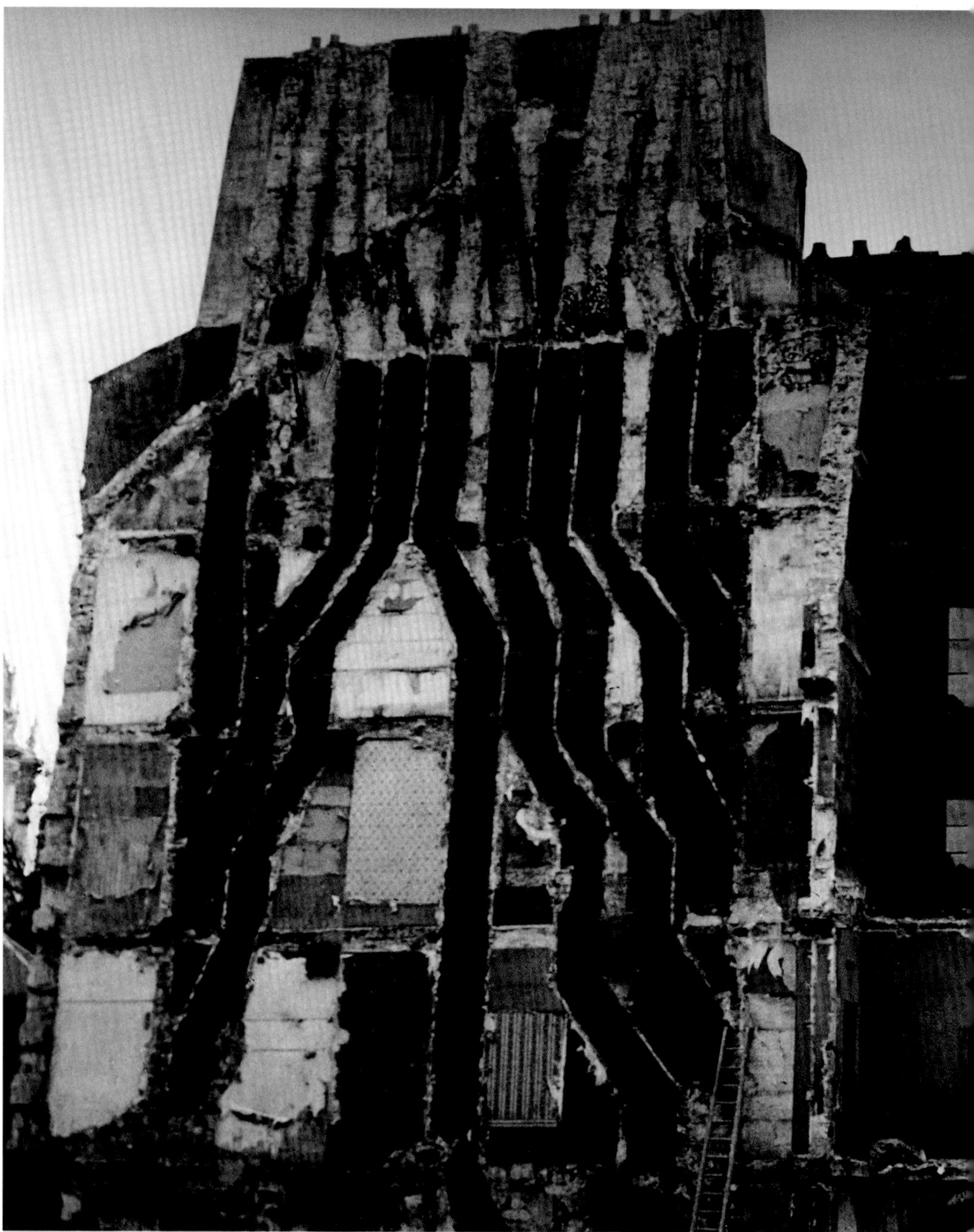

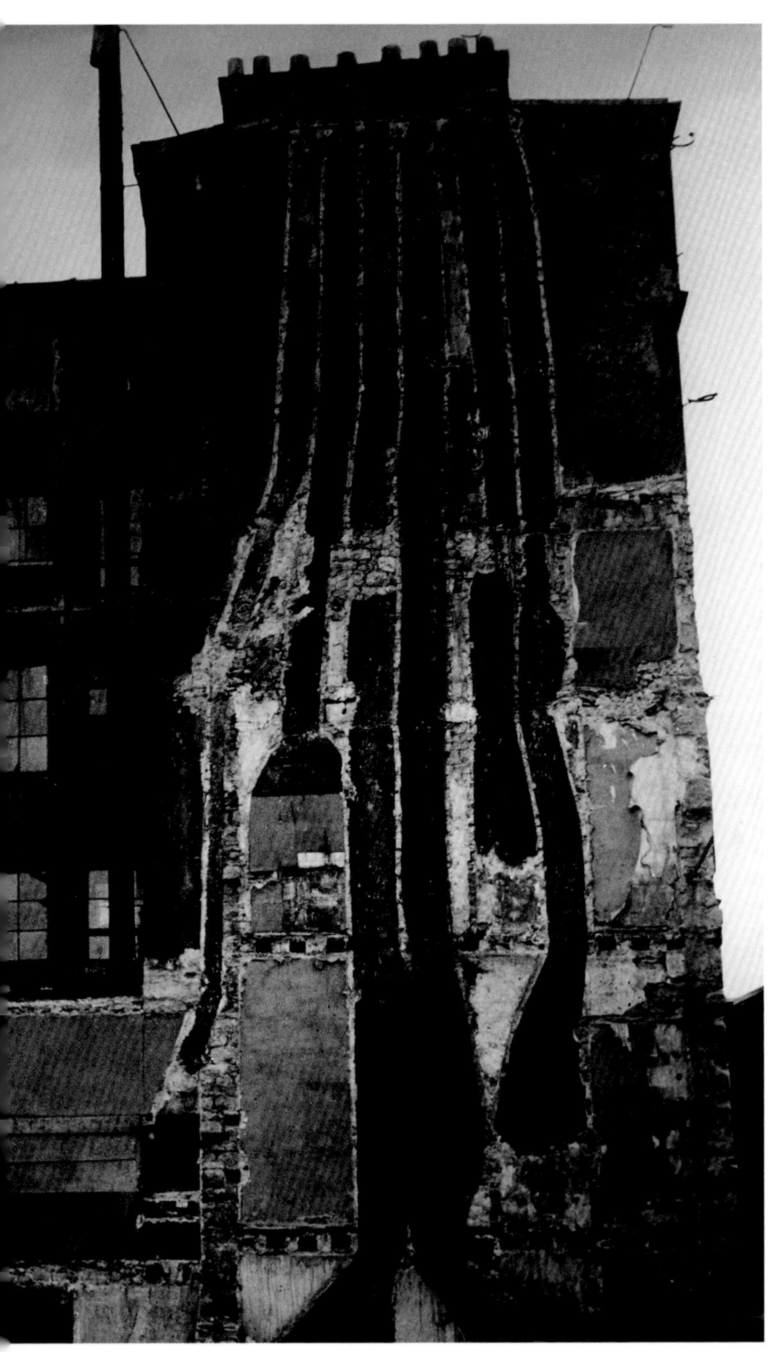

Du côté de Beaubourg, c. 1931 / Near Beaubourg

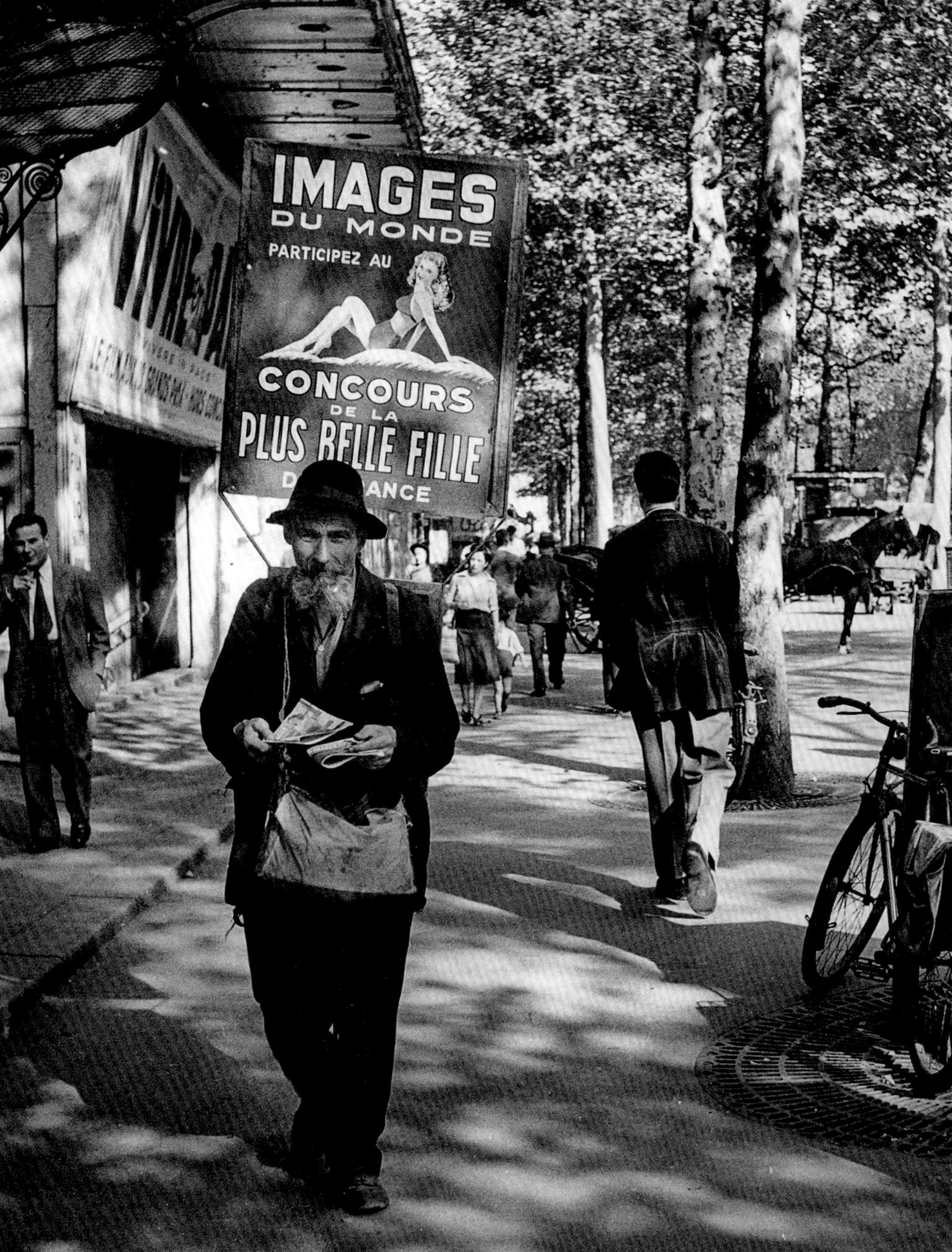
IMAGES
DU MONDE
PARTICIPEZ AU
CONCOURS
DE LA
PLUS BELLE FILLE

◂
Concours de la plus belle fille, c. 1948
The Most Beautiful Girl in France beauty pageant

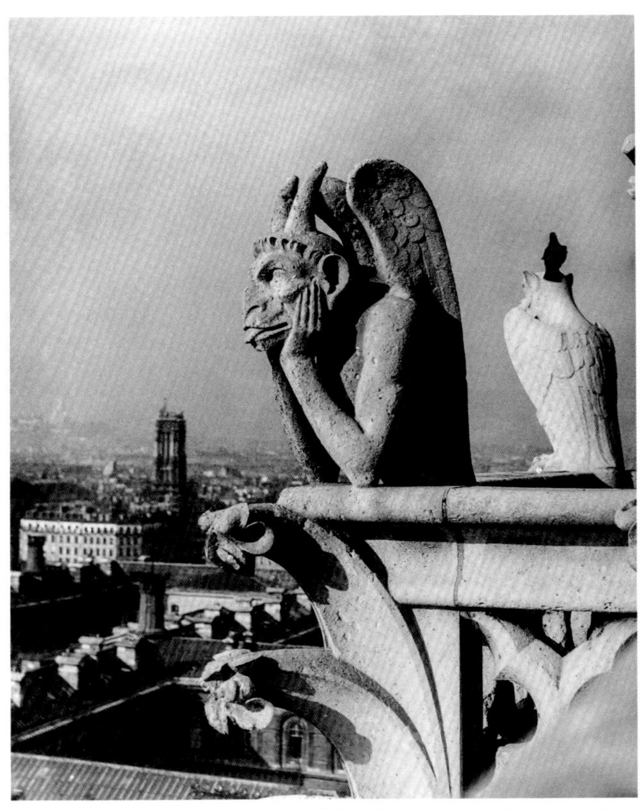

Notre-Dame-de-Paris (diable et pigeon), sans date
Notre-Dame-de-Paris (devil and pigeon), undated

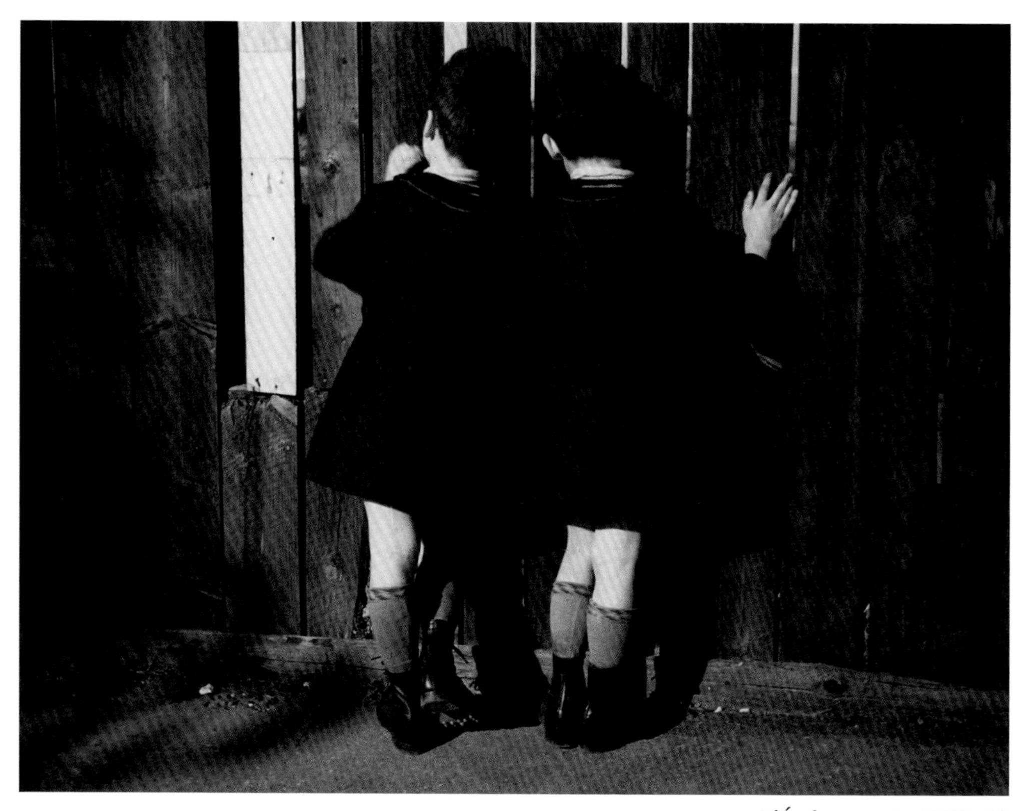

L'Événement, 1930–40
The Event

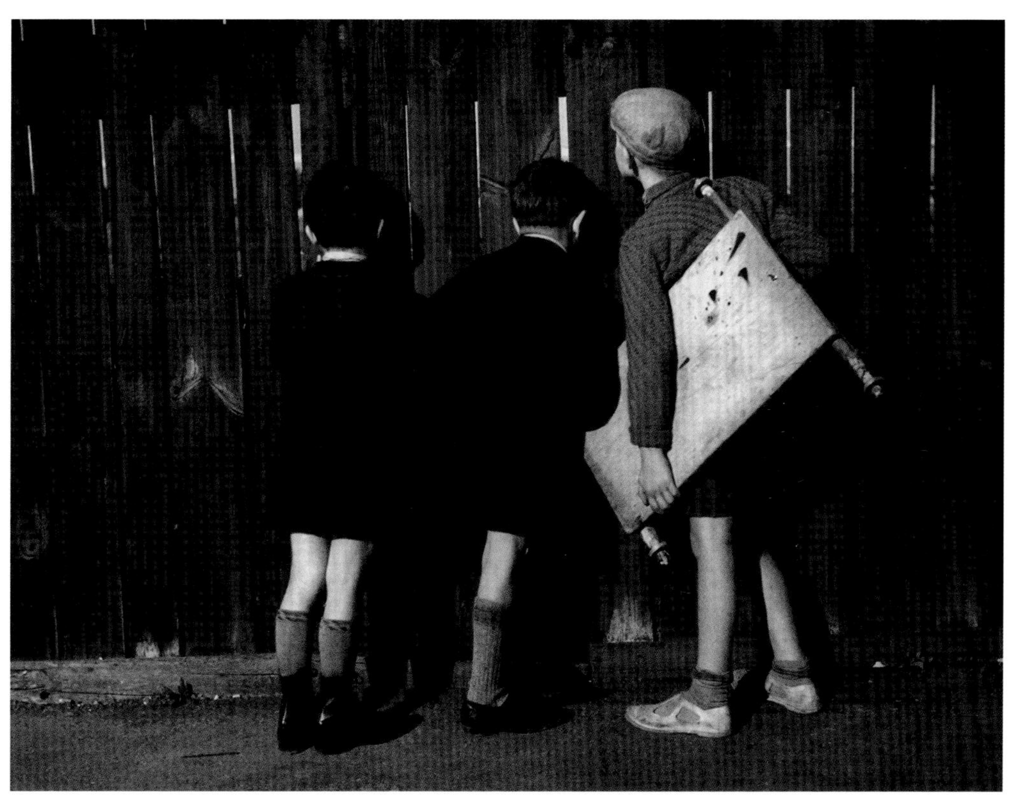

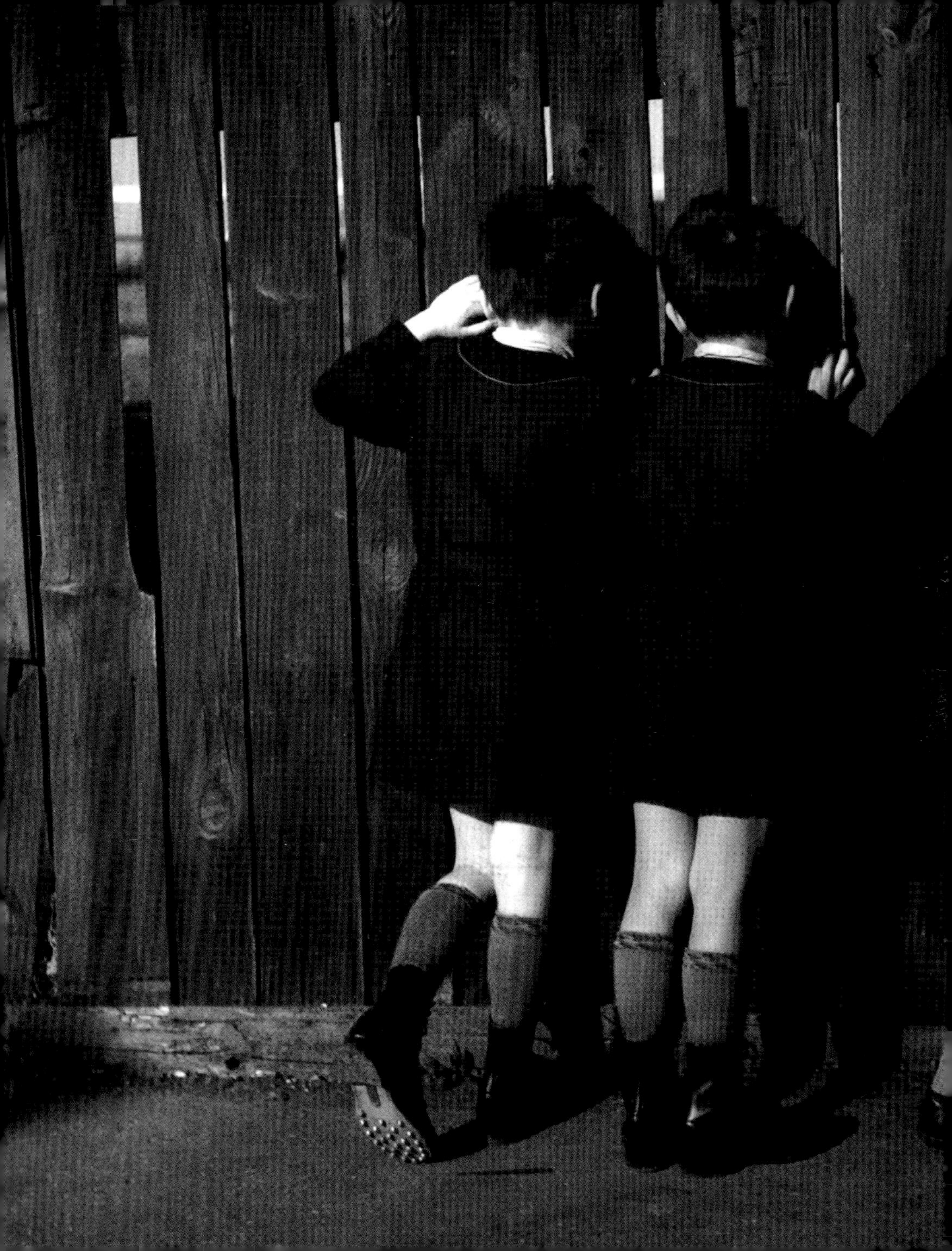

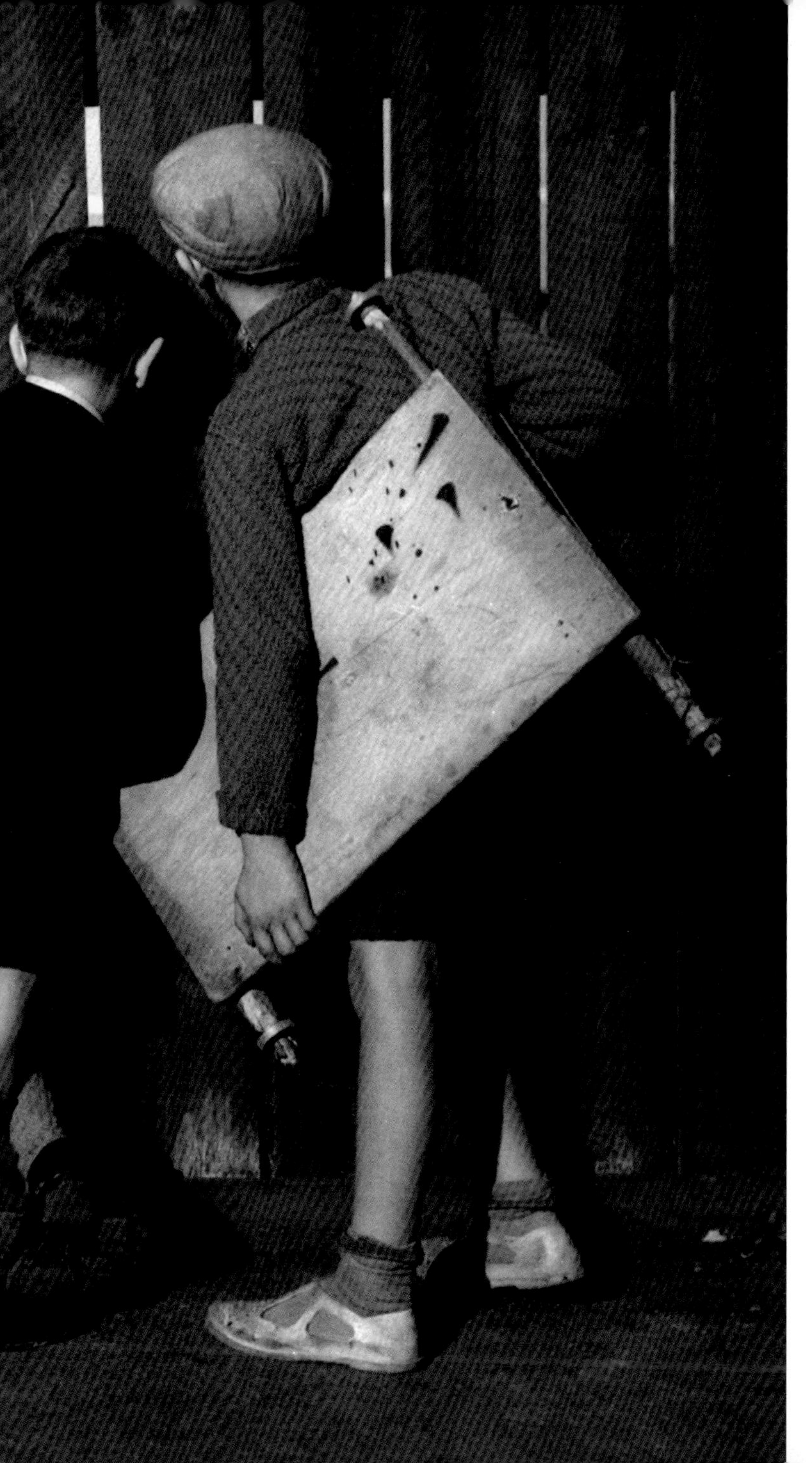

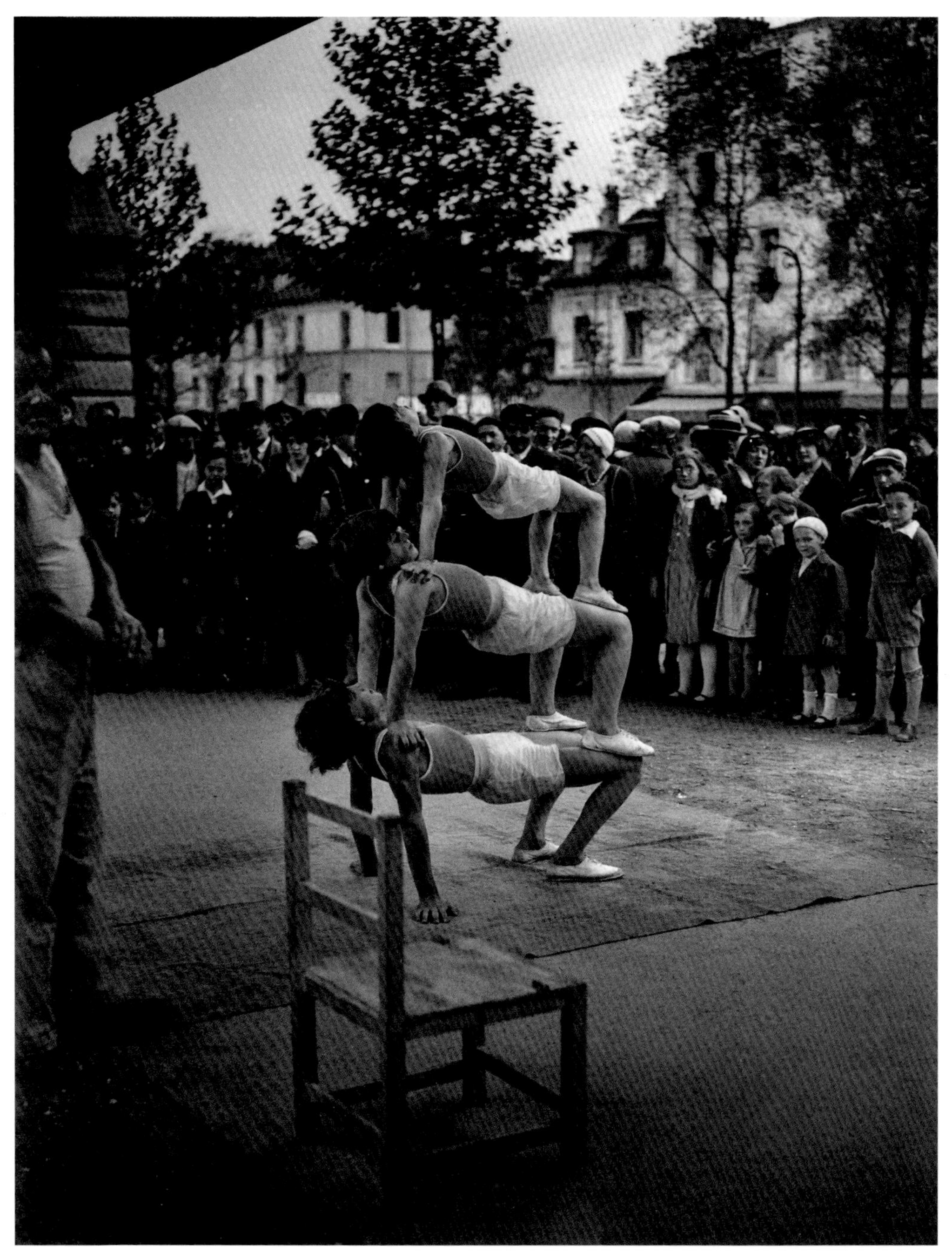

Les saltimbanques, c. 1932 / Street performers

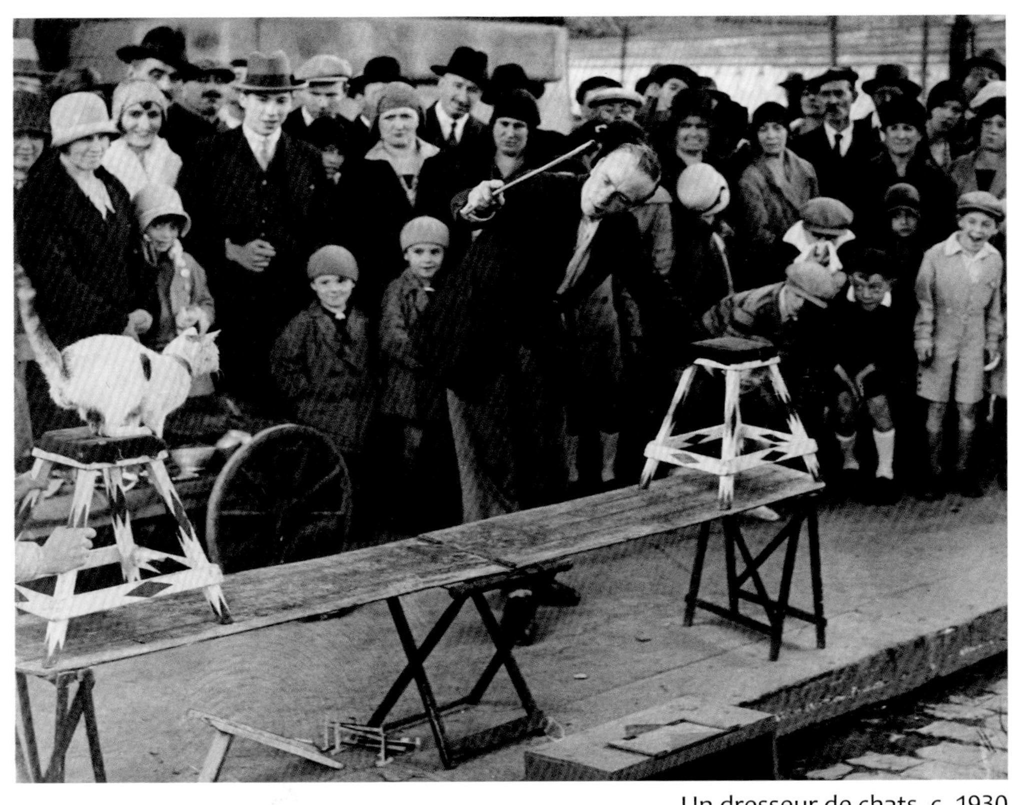

Un dresseur de chats, c. 1930
A cat trainer

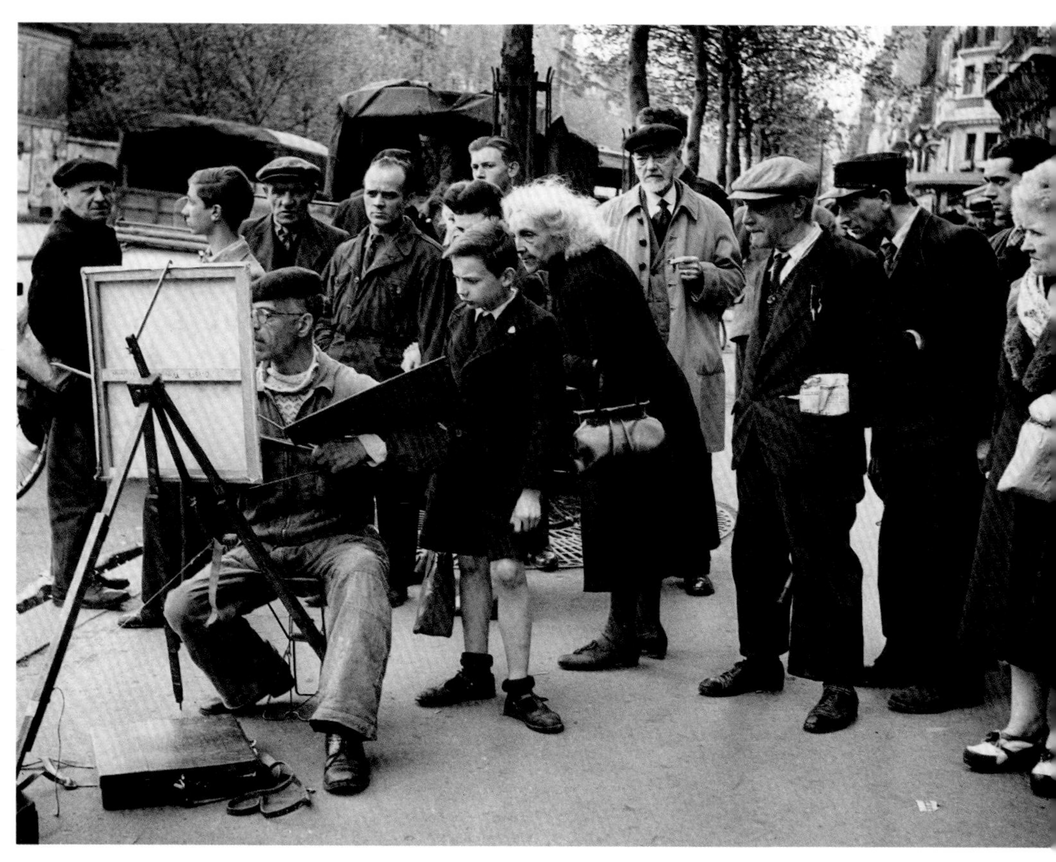

Le peintre du dimanche, 1946
Sunday painter

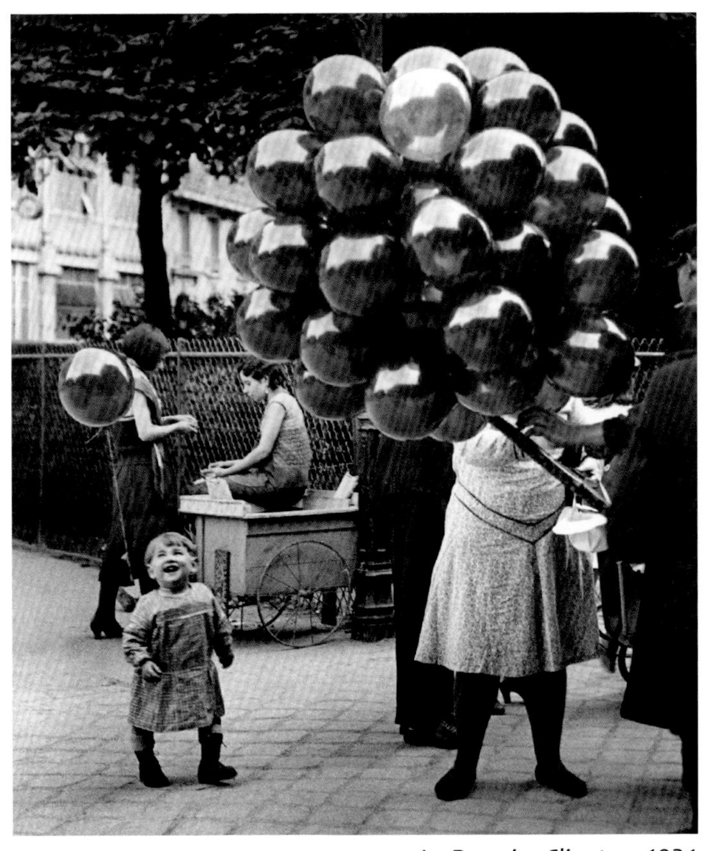

Le Premier Client, c. 1931
The First Customer

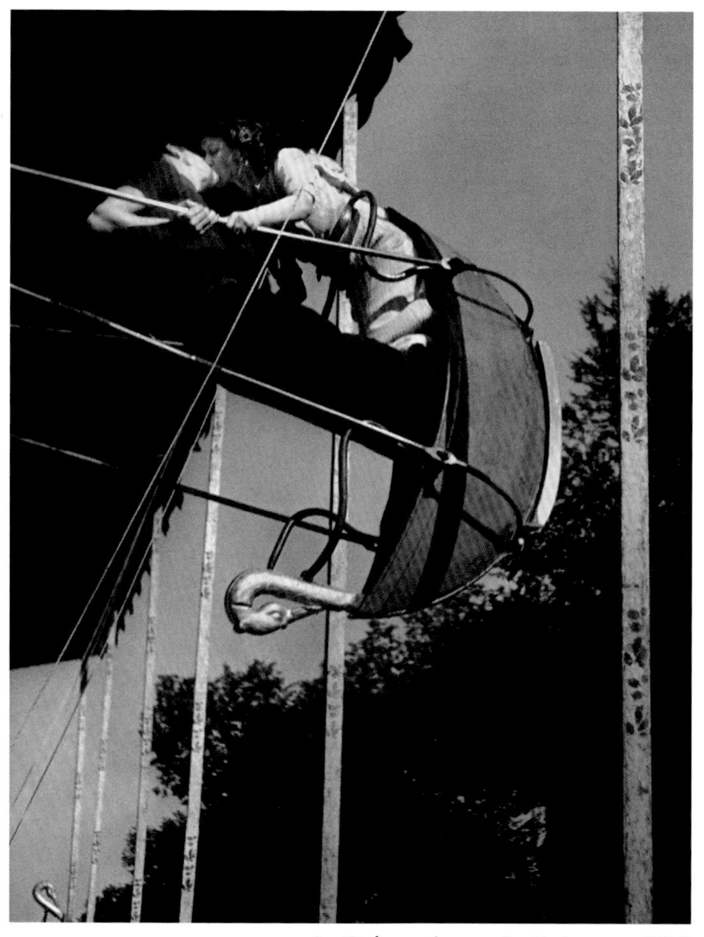

La Balançoire ou Le Baiser, c. 1935
The Swing or The Kiss

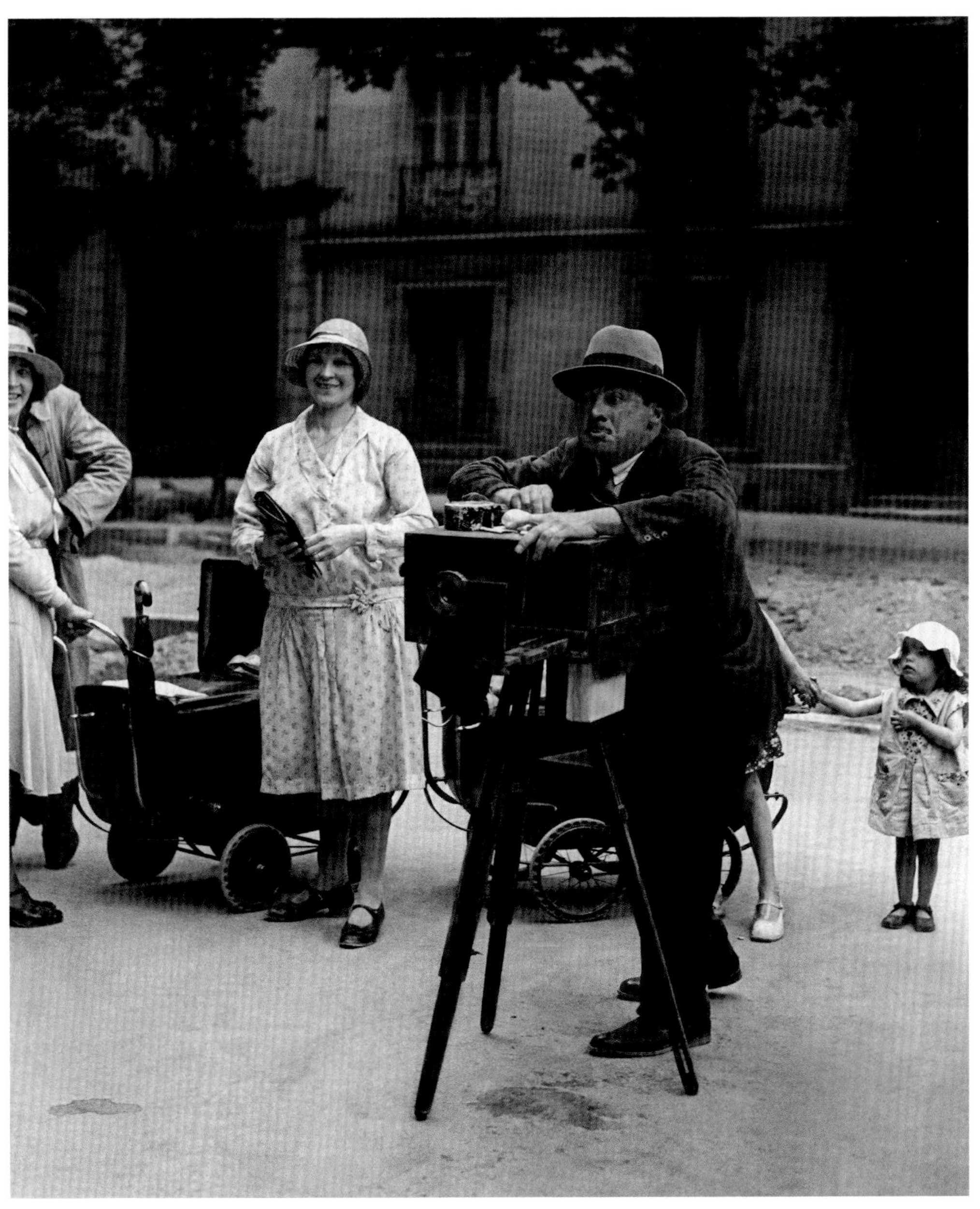

Le photographe ambulant près du parc Montsouris, 1930
Itinerant photographer near the Parc Montsouris

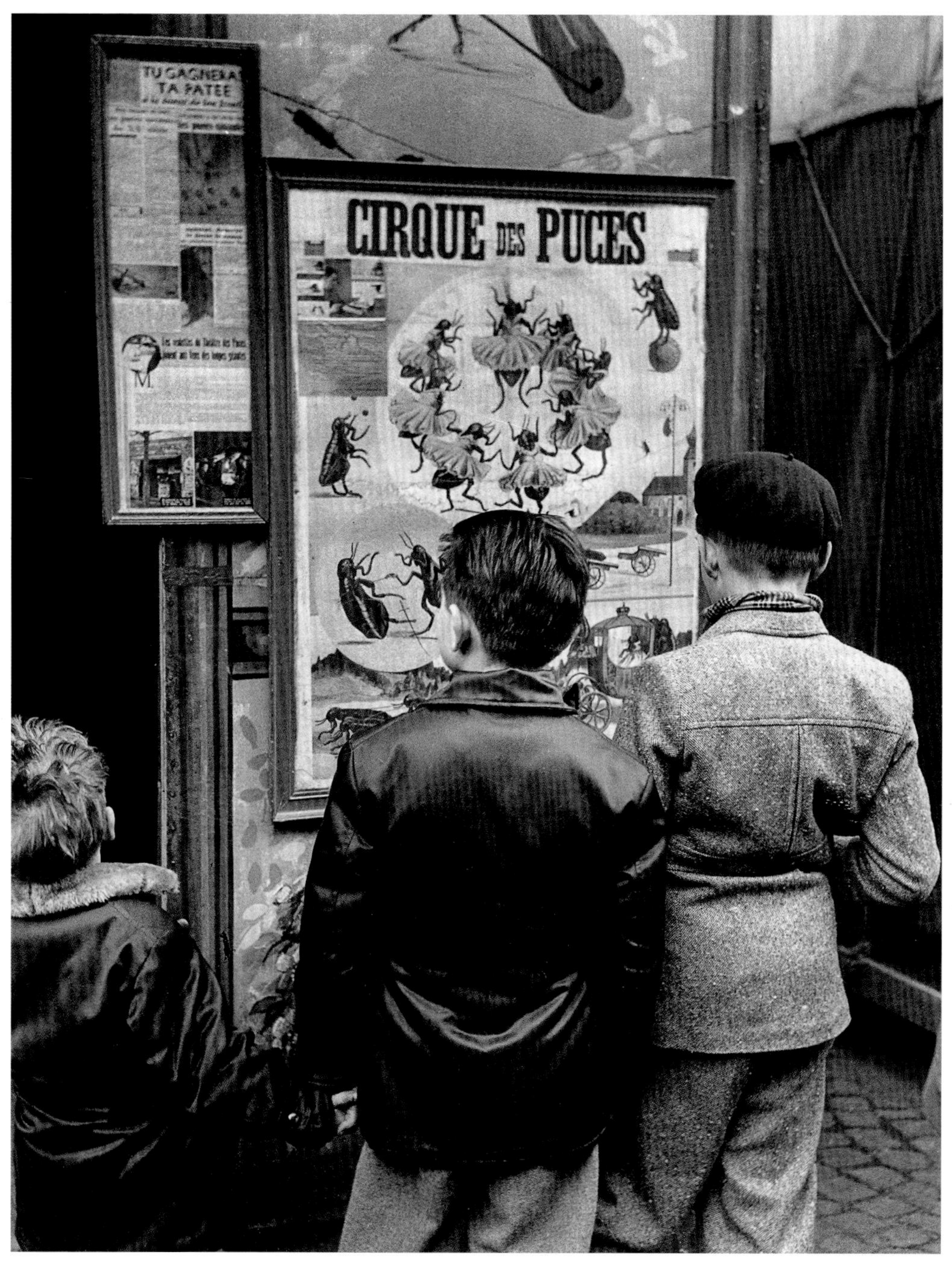

Cirque des puces, c. 1932–33 / Flea circus

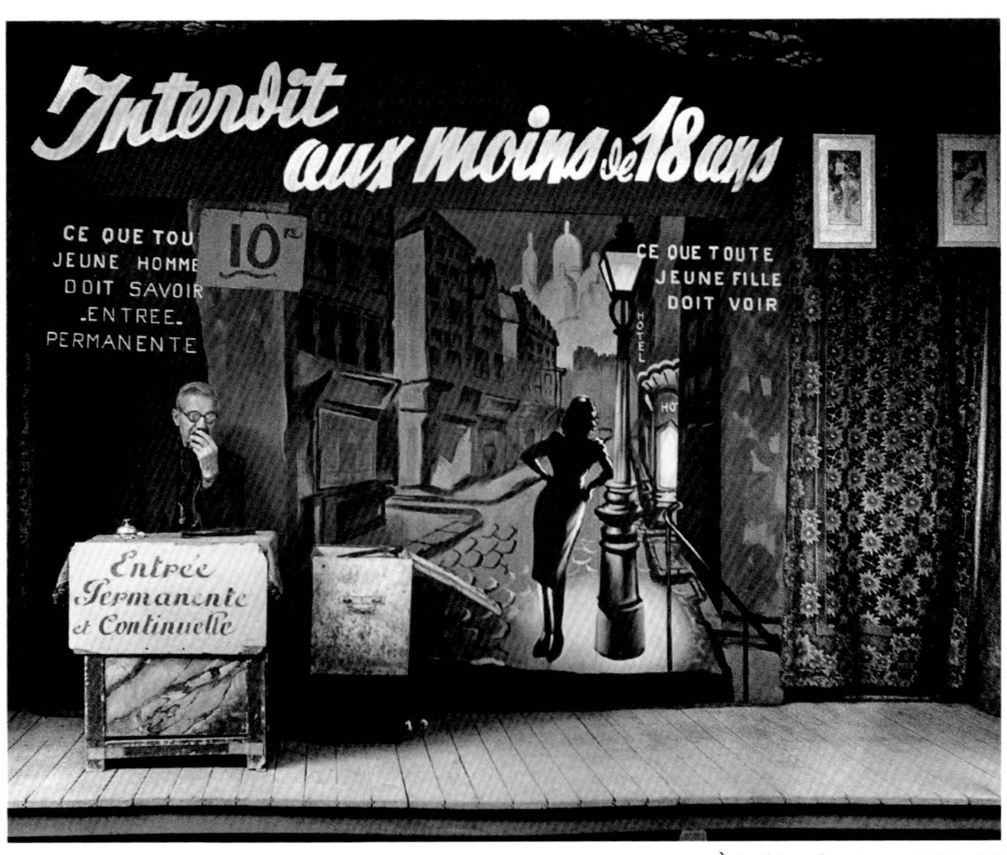

À la fête foraine, 1932–33
At the funfair

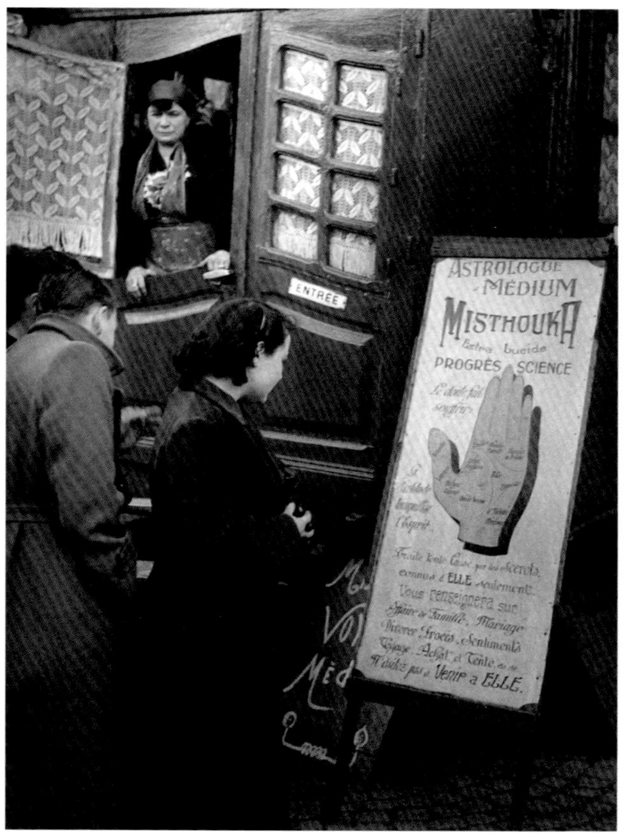

Le médium, 1932
The medium

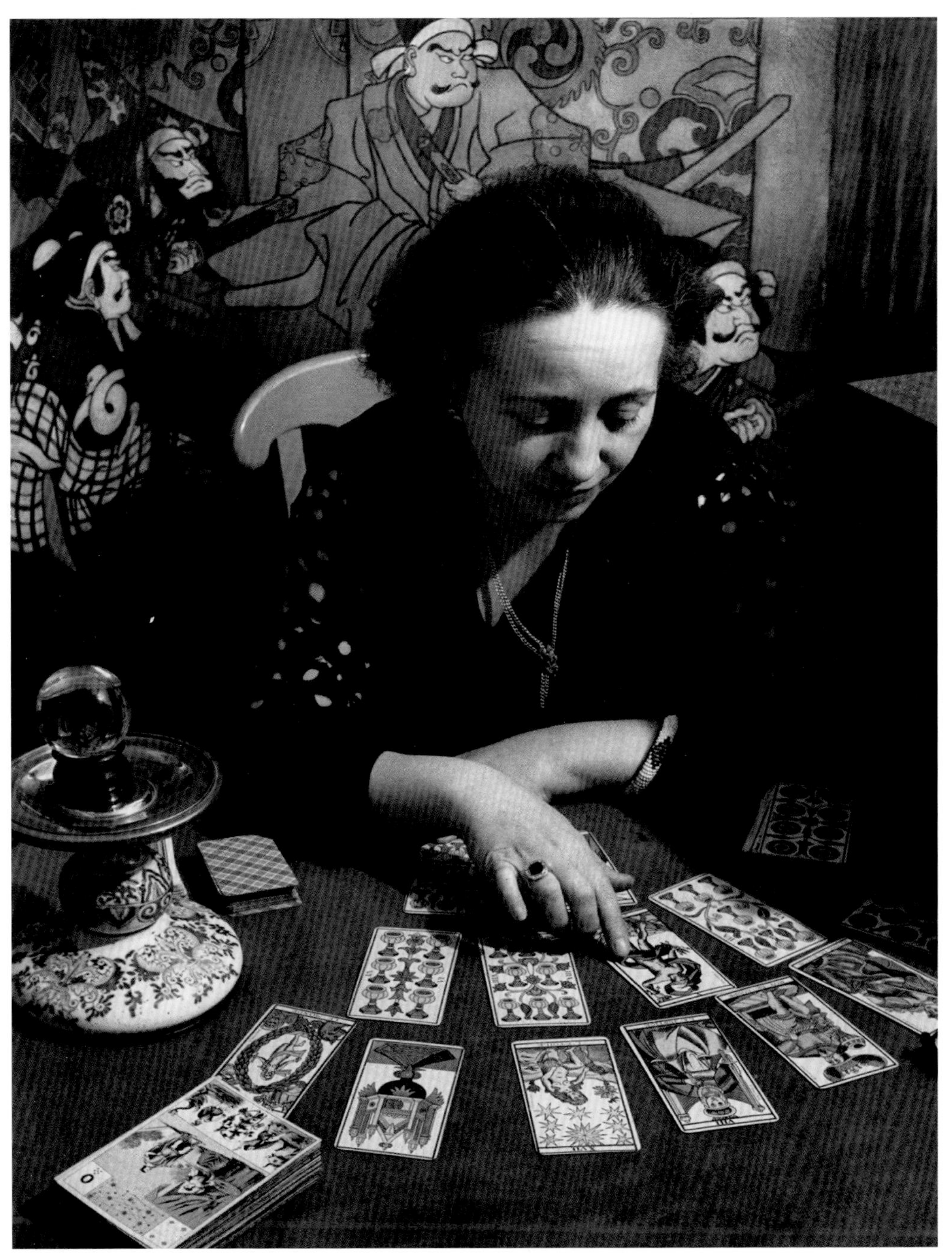

Cartomancienne, 1932 / Fortune teller

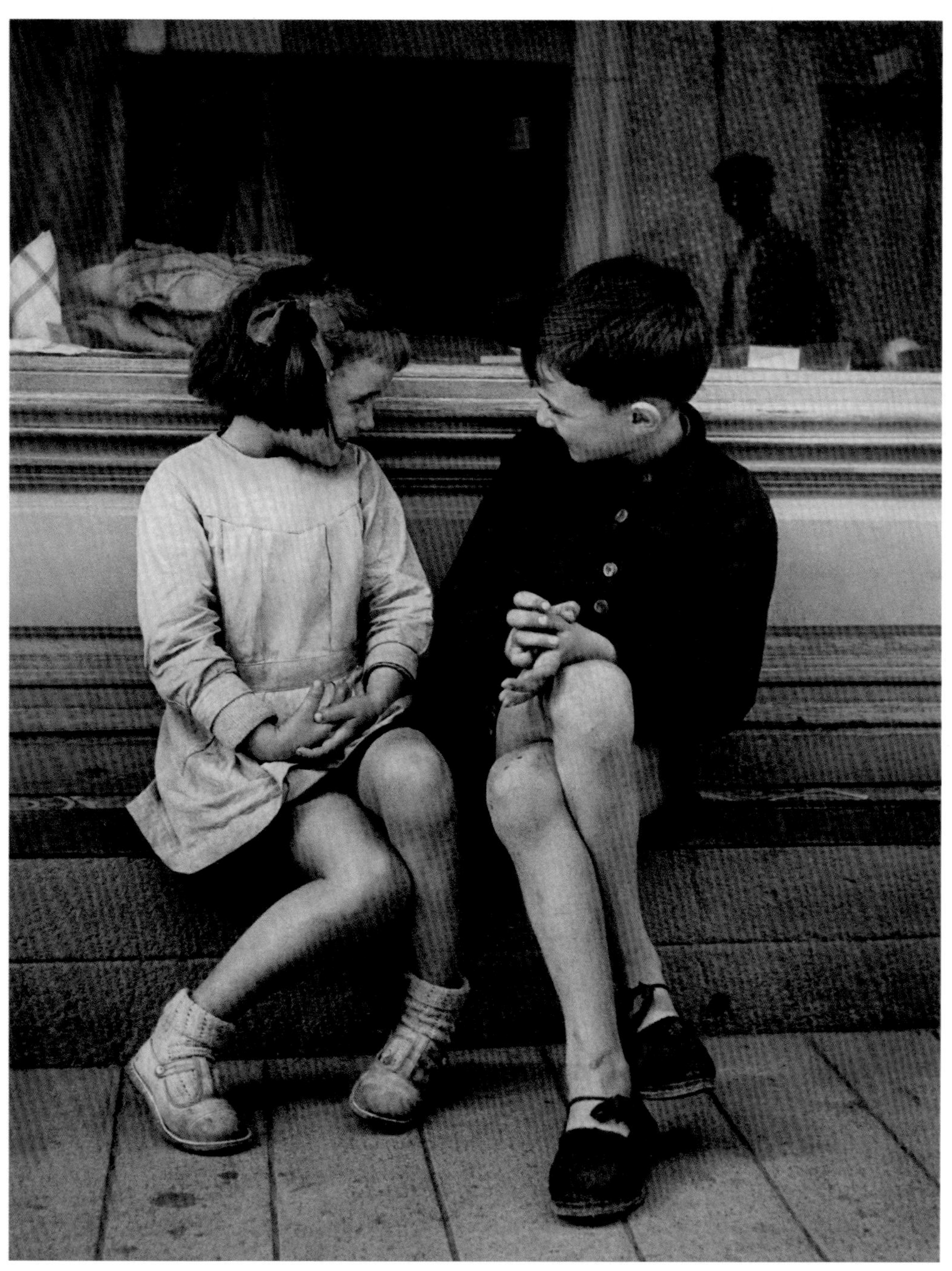

André et Paulette, 1949 / André and Paulette

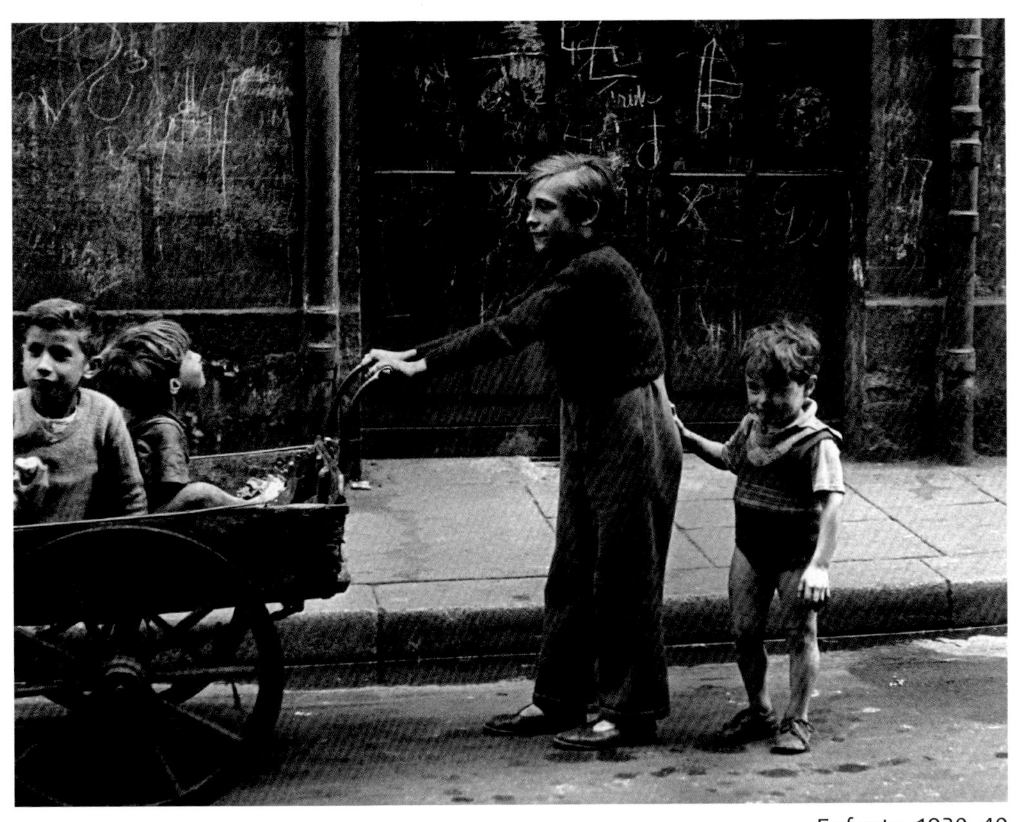

Enfants, 1930–40
Children

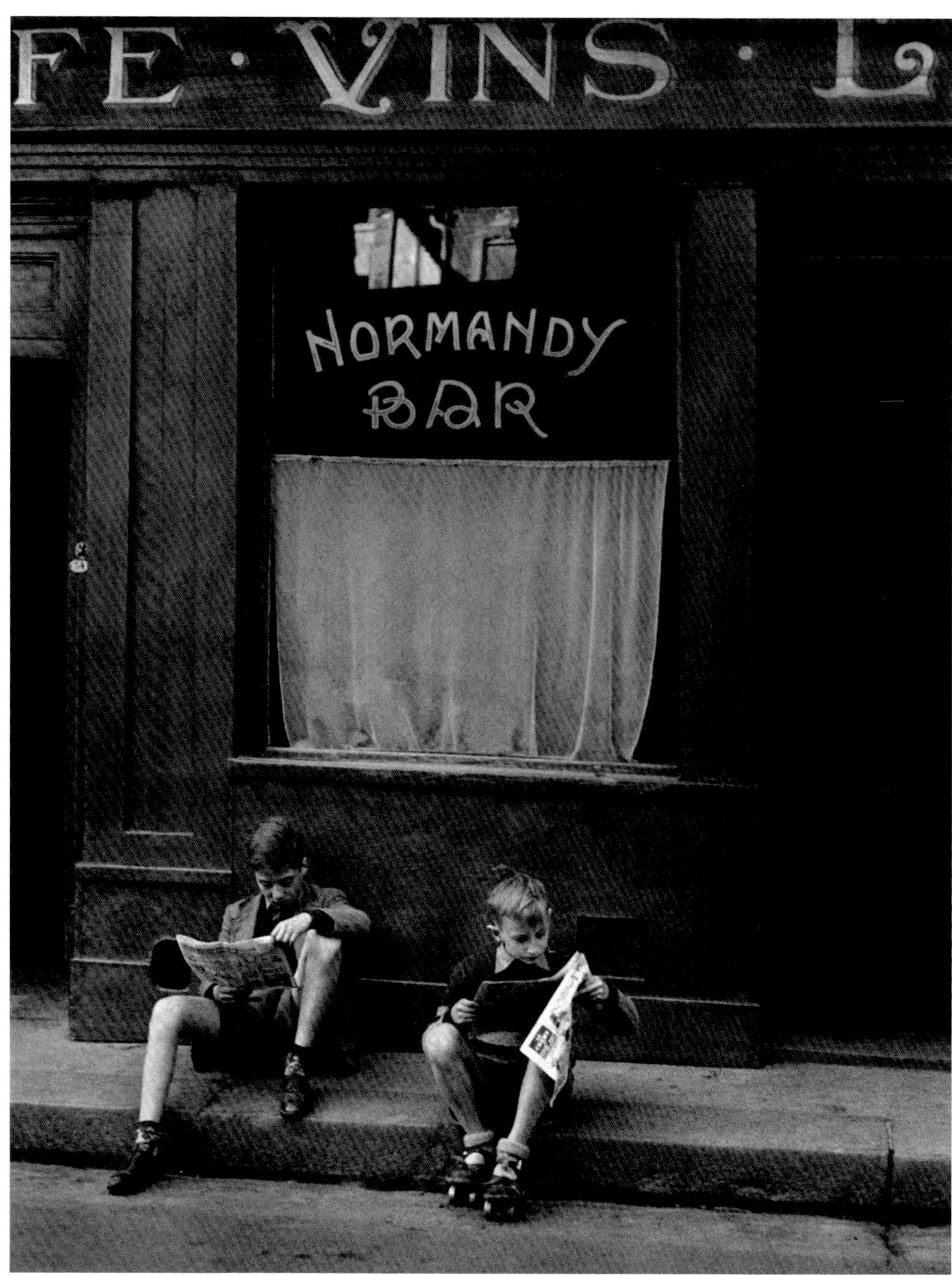

Rue Mouffetard, 1930–40

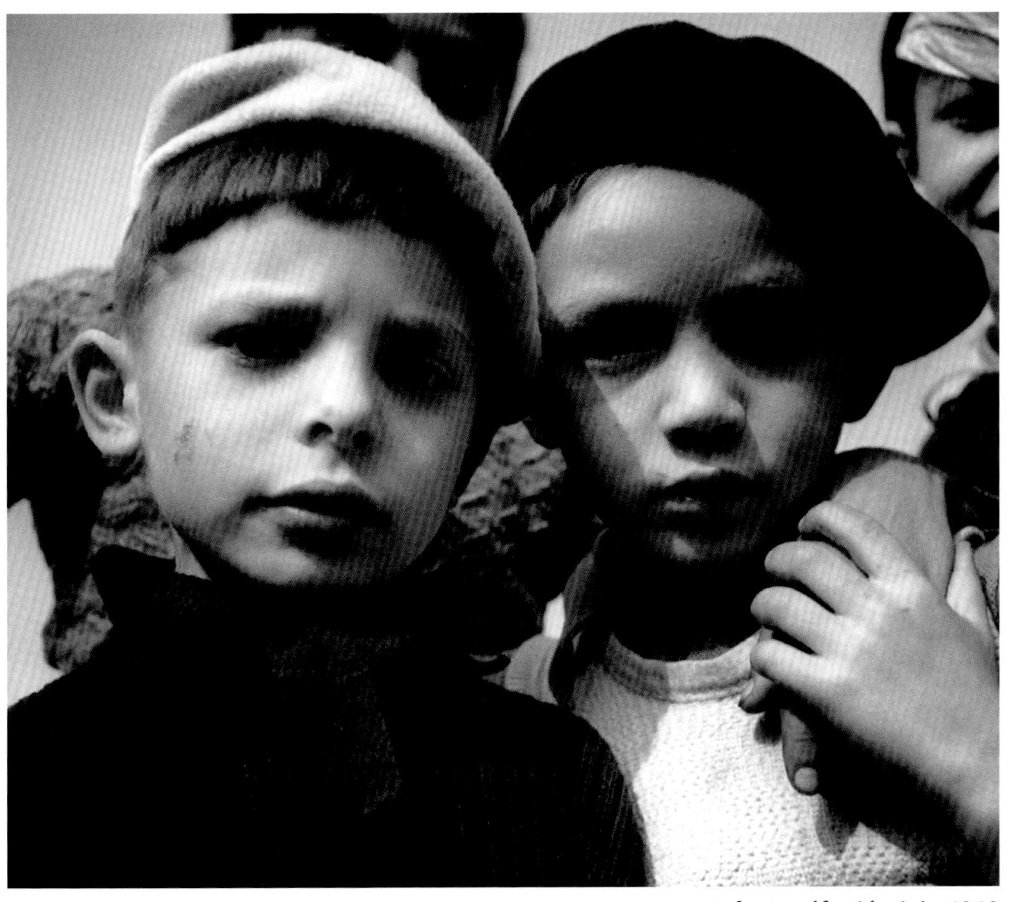

Enfants réfugiés, juin 1940
Refugee children, June 1940

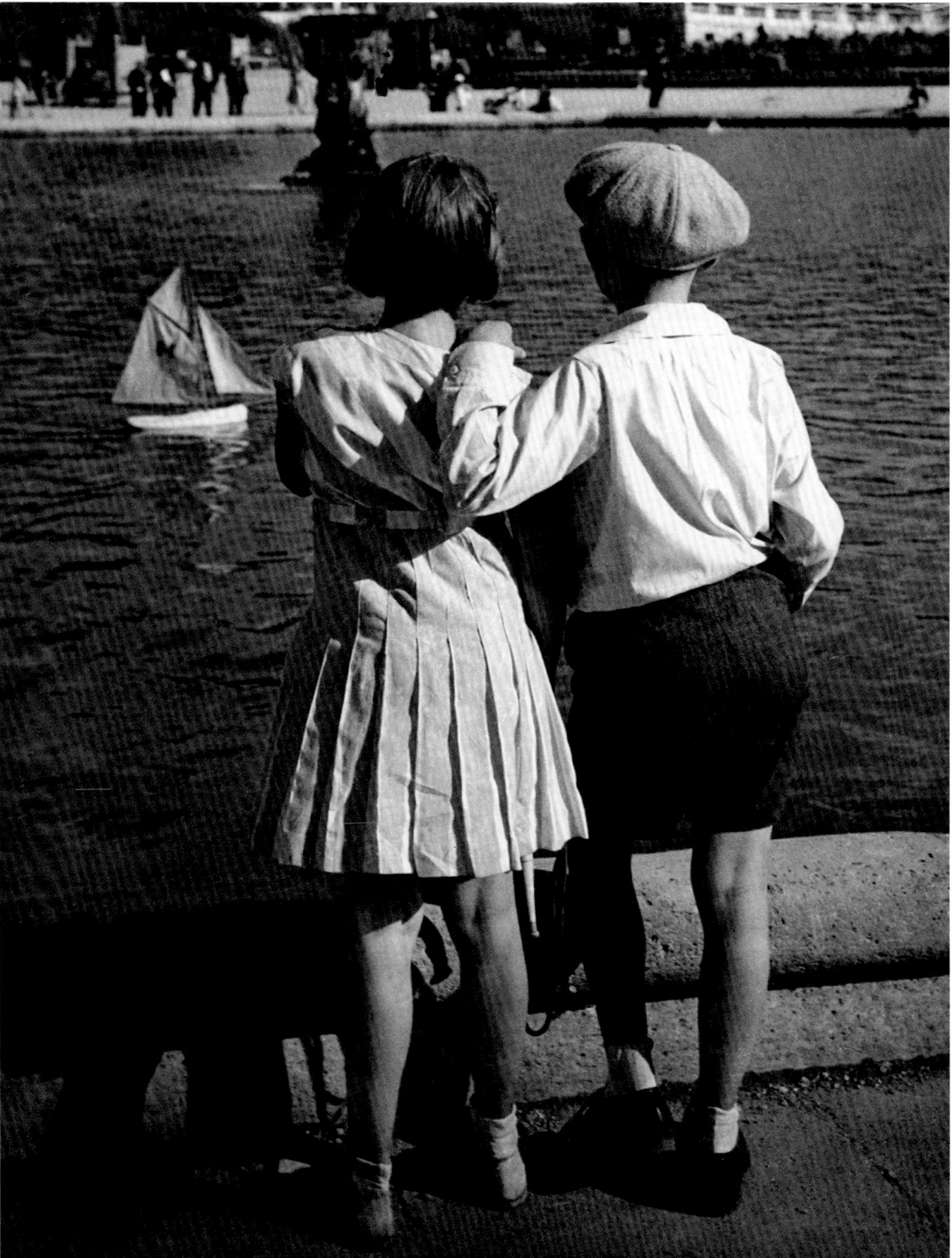

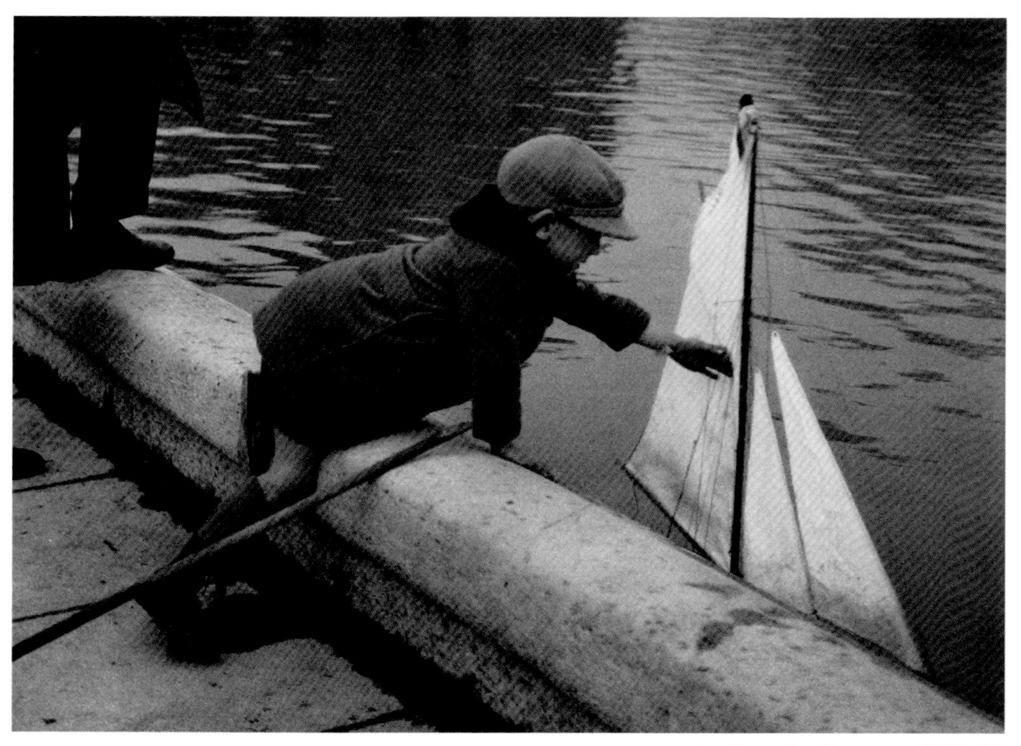

Le Premier Bateau, 1929–30
His First Boat

◀
Jeunes enfants au Luxembourg, c. 1930
Young children at the Luxembourg Gardens

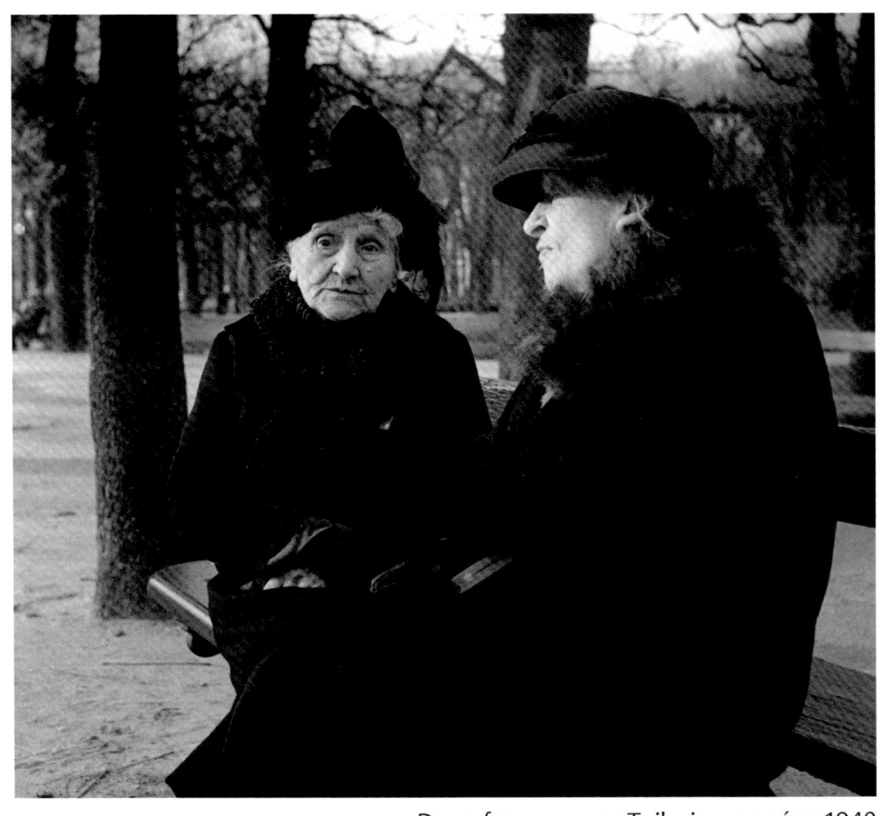

Deux femmes aux Tuileries, années 1940
Two women at the Tuileries Gardens, 1940s

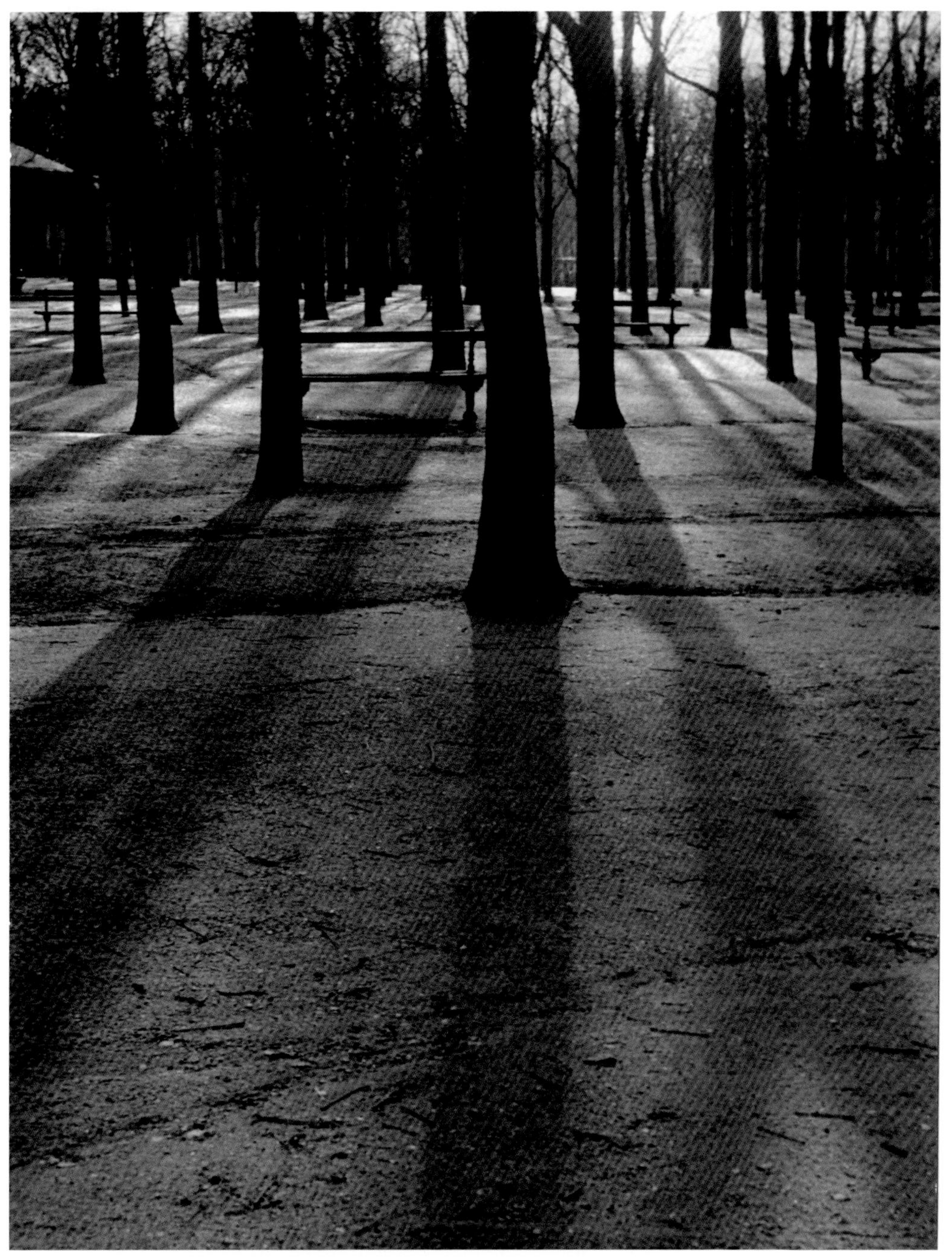

Le jardin du Luxembourg en hiver, 1930 / The Luxembourg Gardens in winter

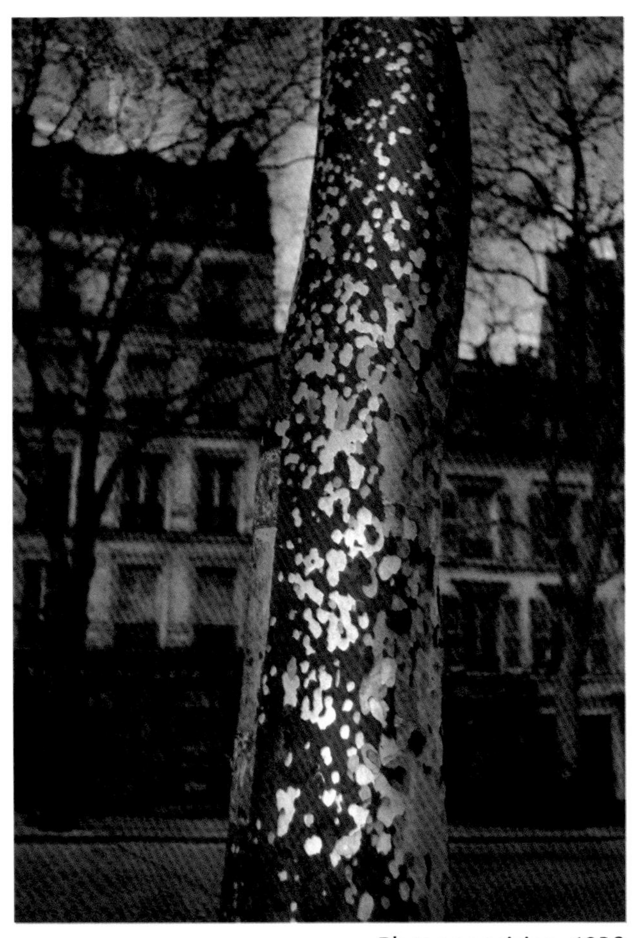

Platane parisien, 1938
Plane tree in Paris

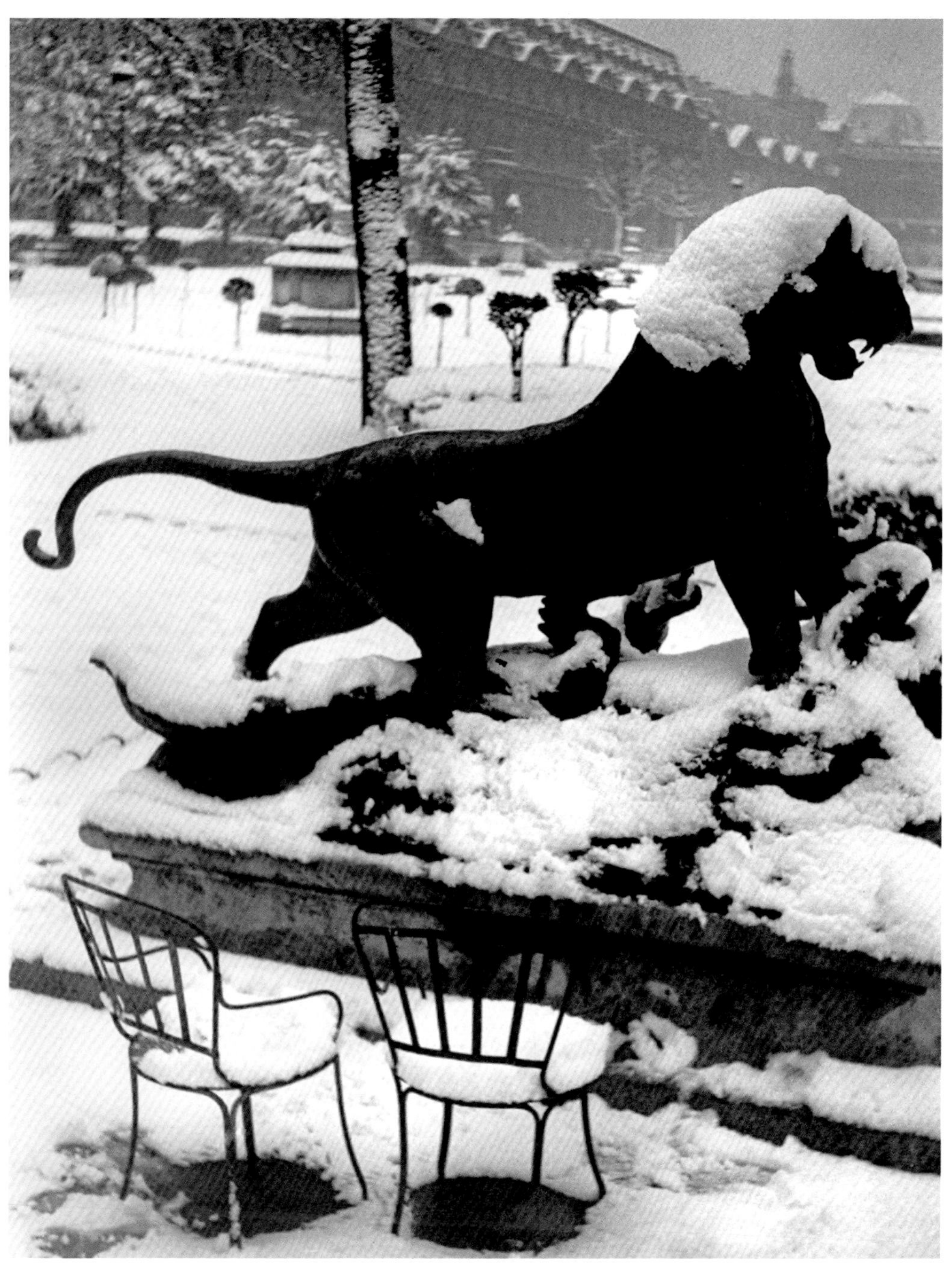

Le lion du jardin des Tuileries, 1947 / Lion in the Tuileries Gardens

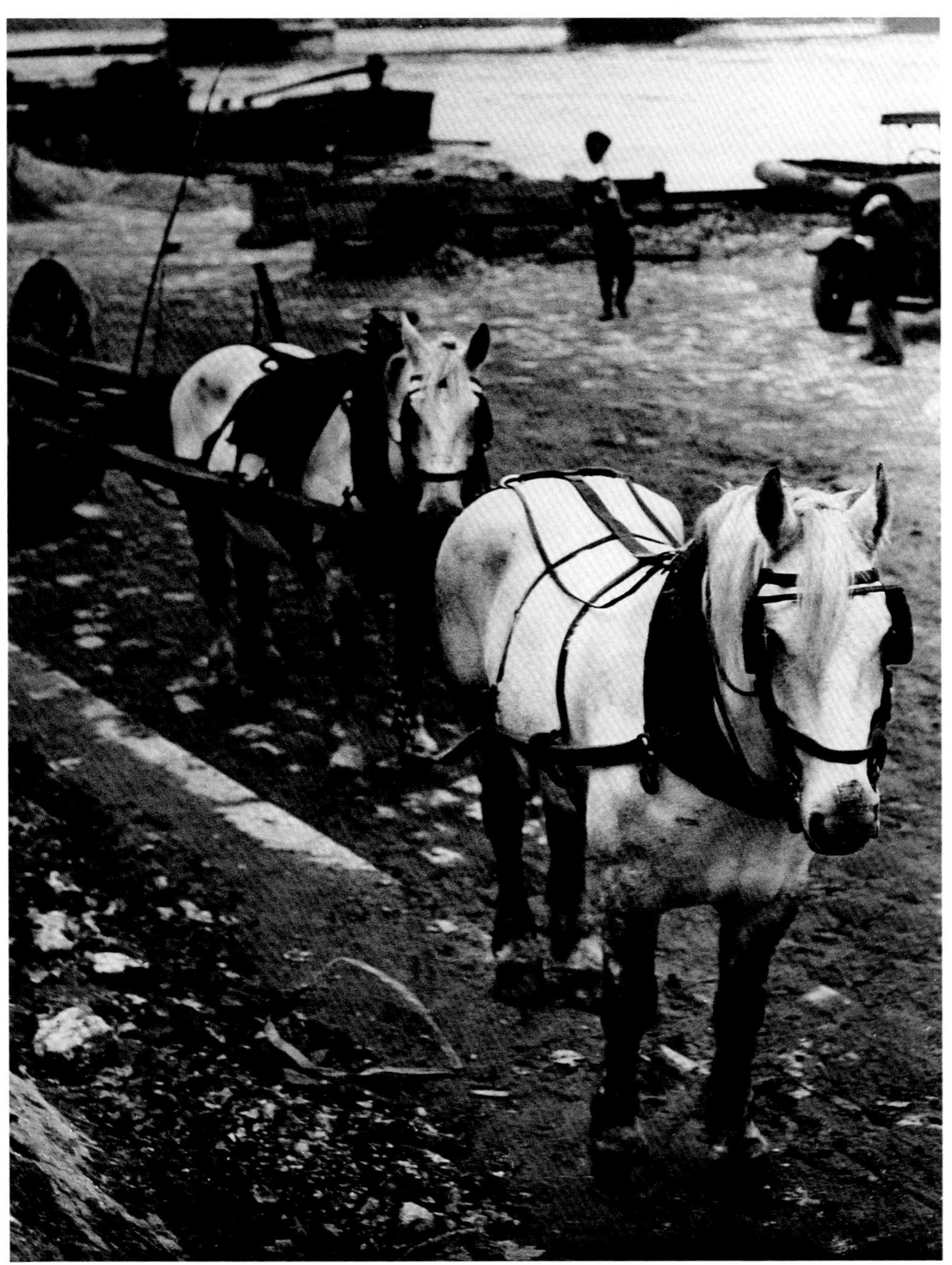

Quai de Bercy, 1931

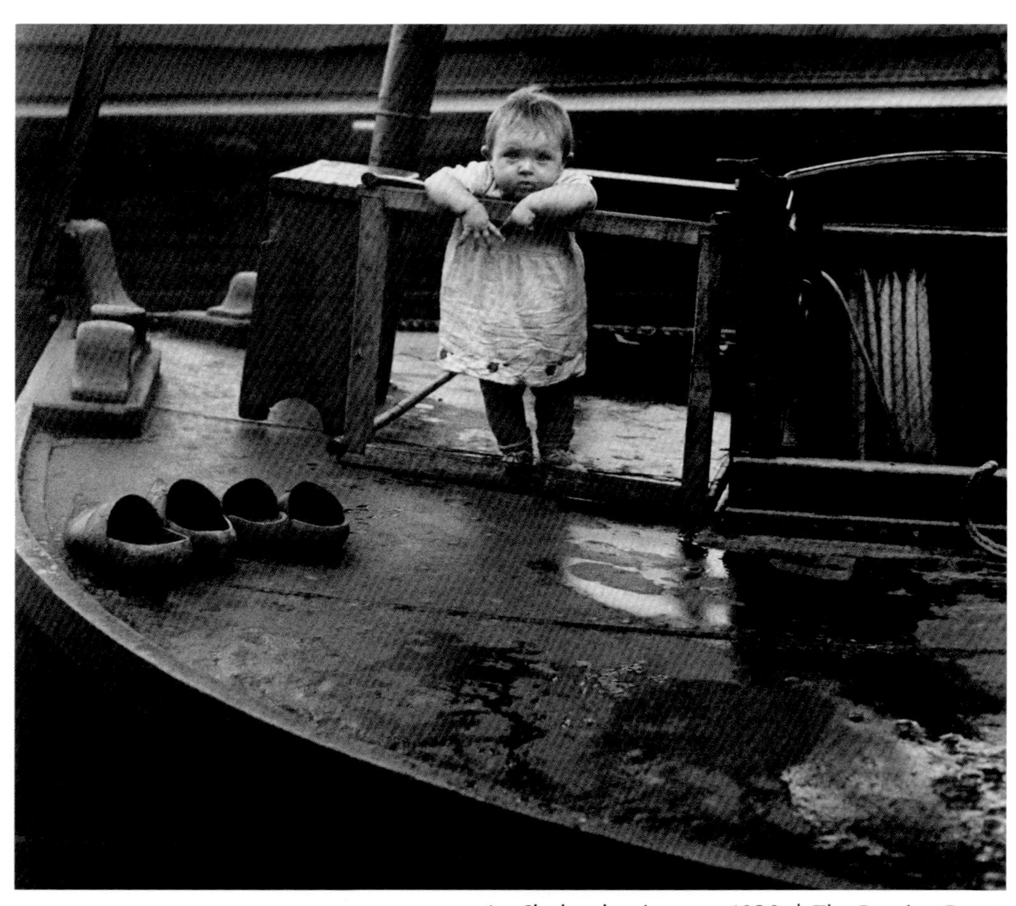

Le Chaland qui passe, 1930 / *The Passing Barge*

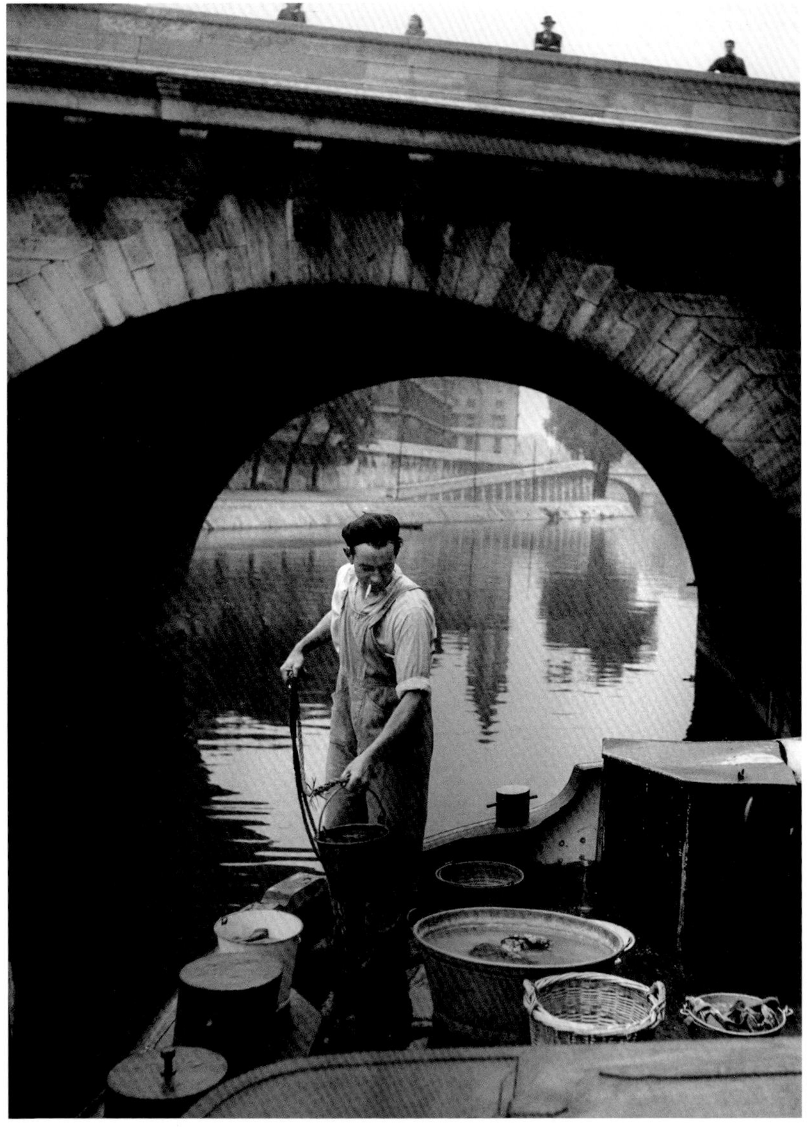

Péniche sous le Pont-Neuf, c. 1932 / Barge under the Pont-Neuf

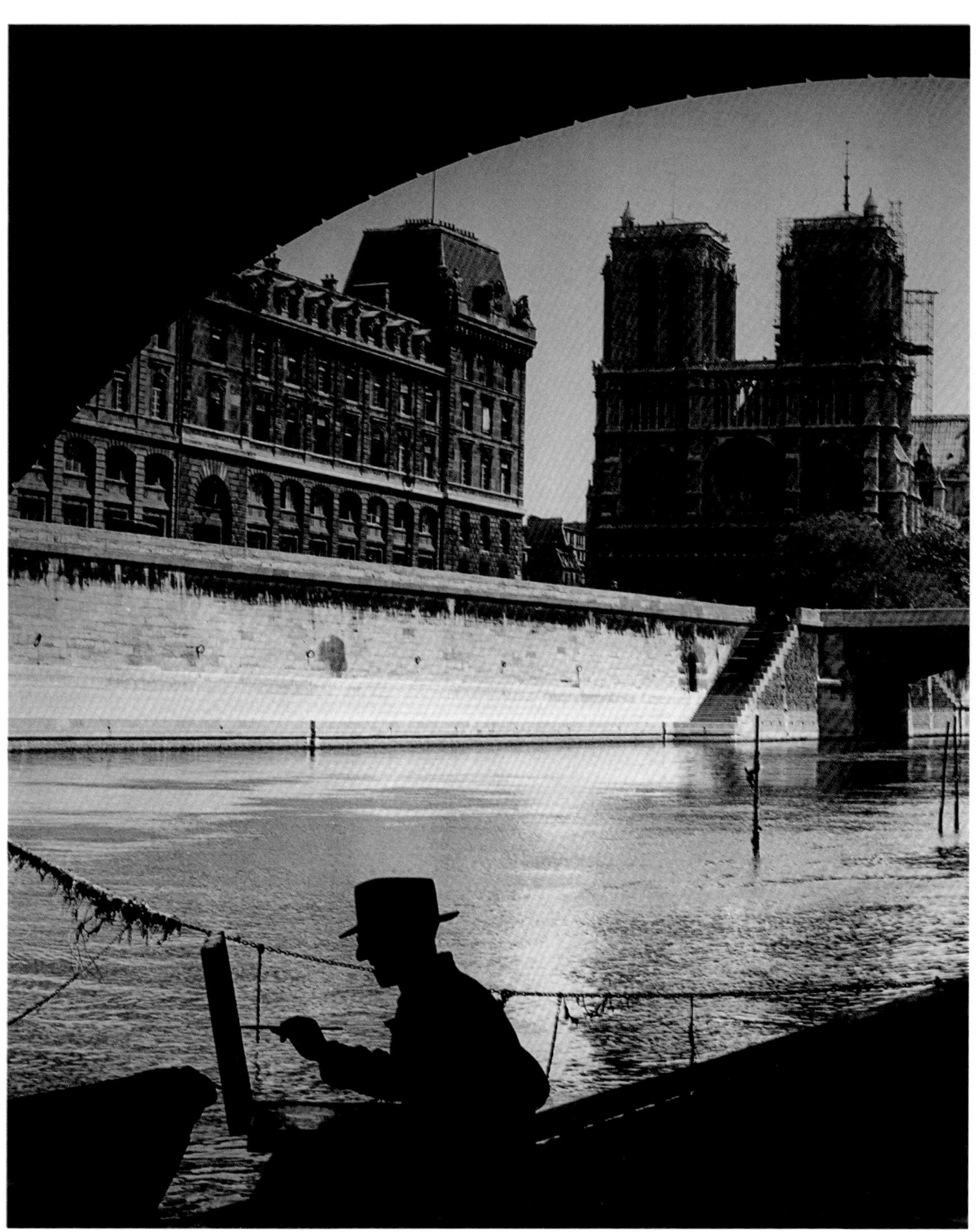

Peintre sur les quais, c. 1937 / Painter on the quayside

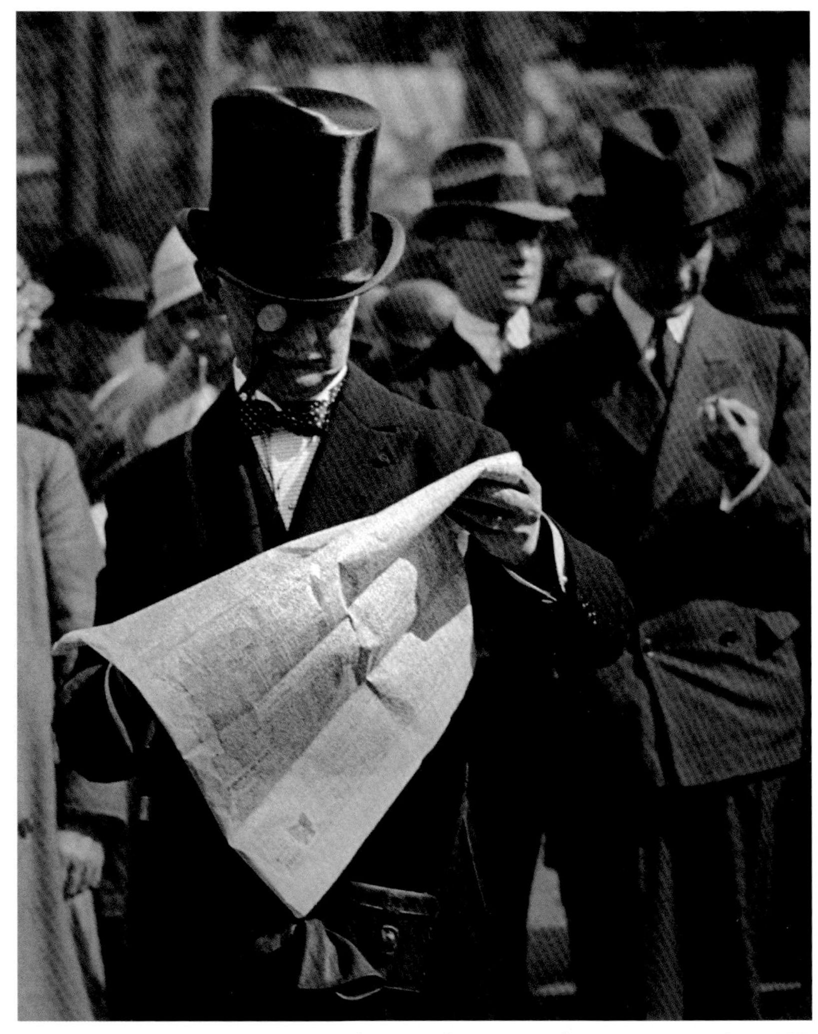

Les courses à Longchamp, turfiste au monocle, 1932
Racegoer with monocle at the Longchamp races

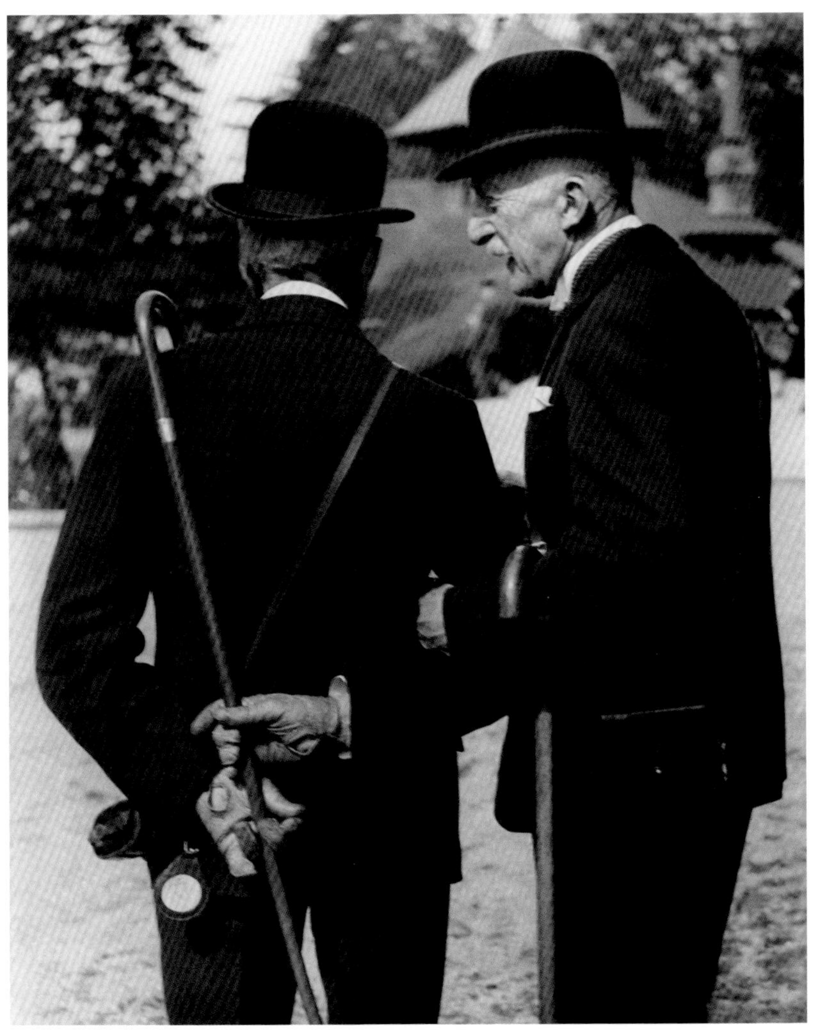

Courses à Longchamp, 1932
At the Longchamp races

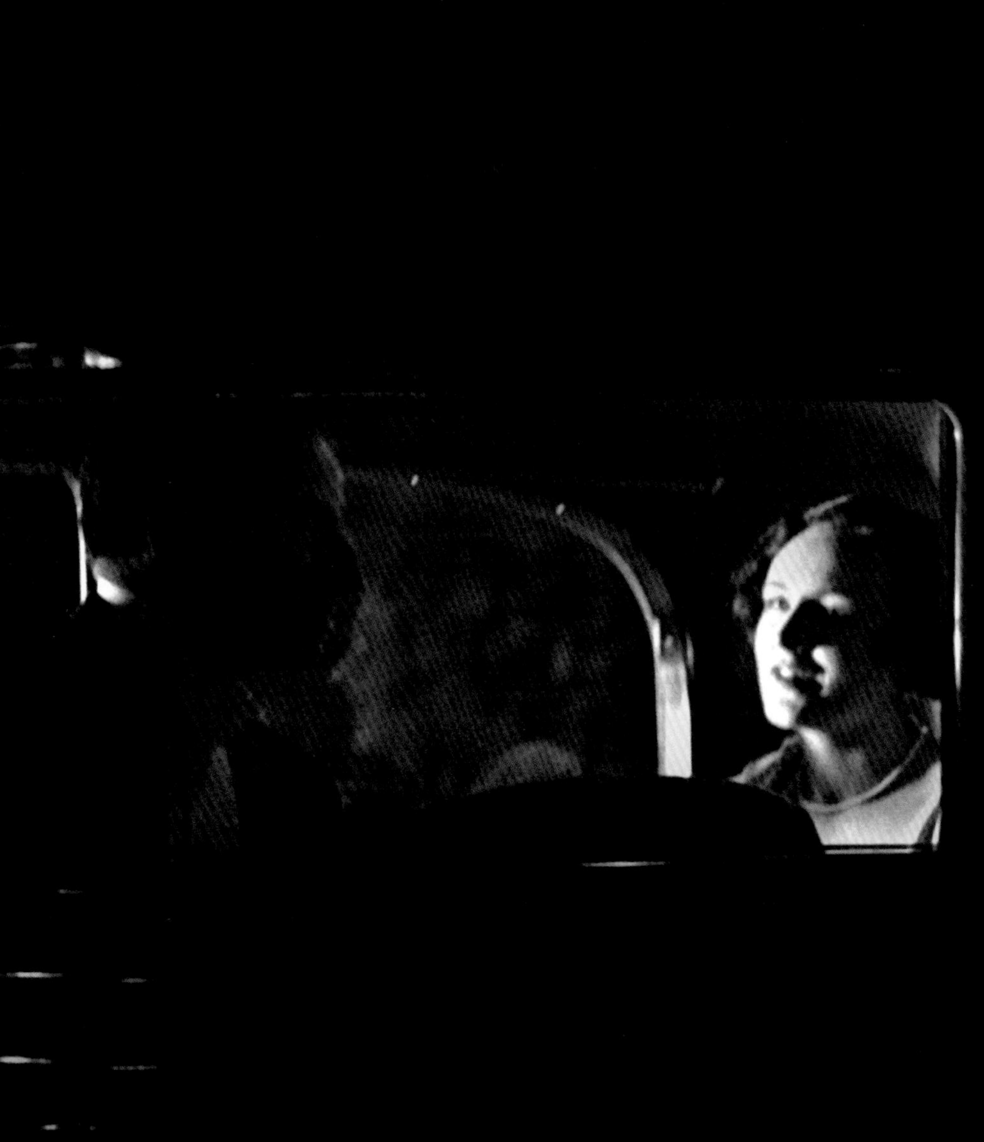

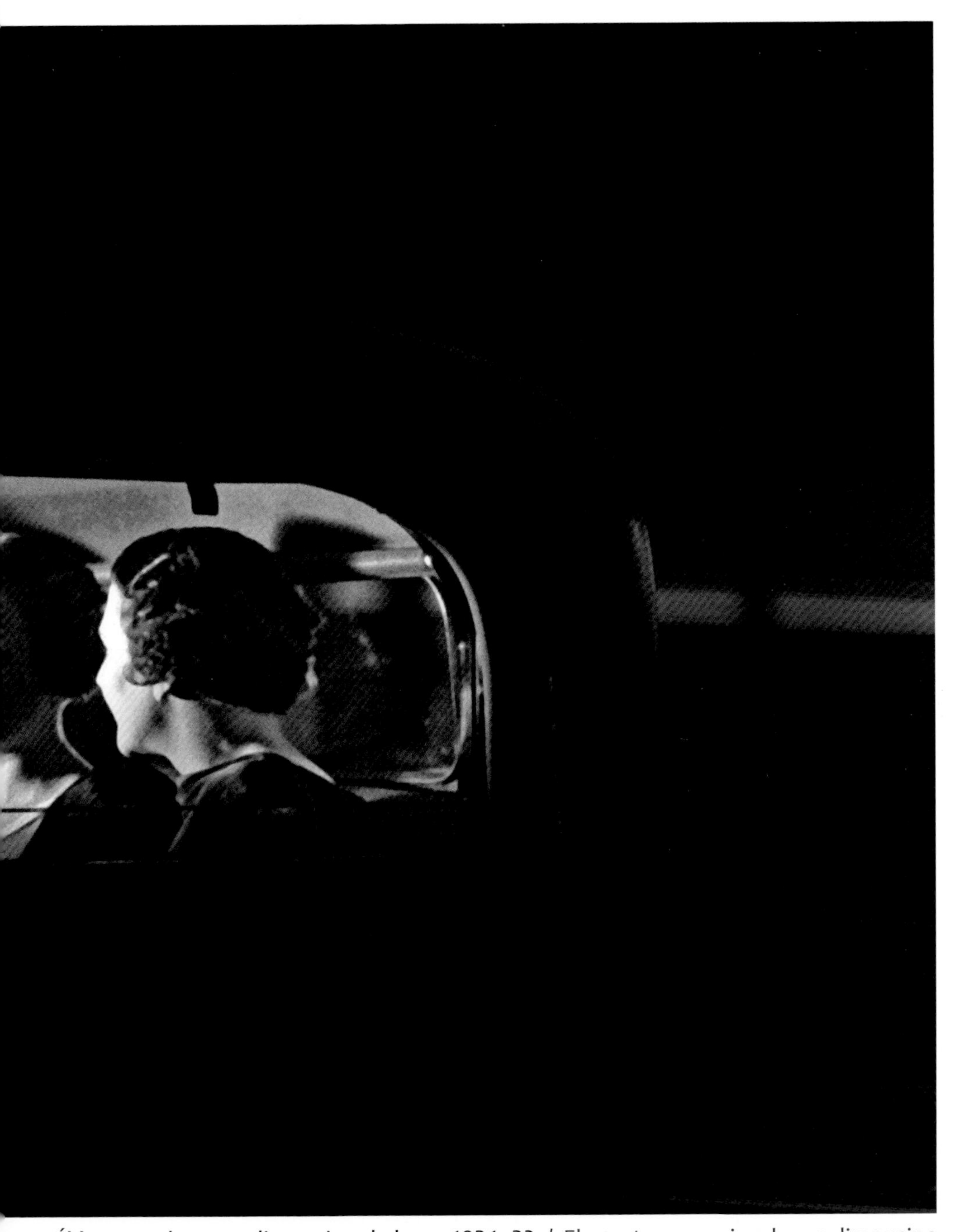

Élégantes dans une limousine de luxe, 1931–32 / Elegant women in a luxury limousine

Modèle d'Antoine, années 1930
One of Antoine's models, 1930s

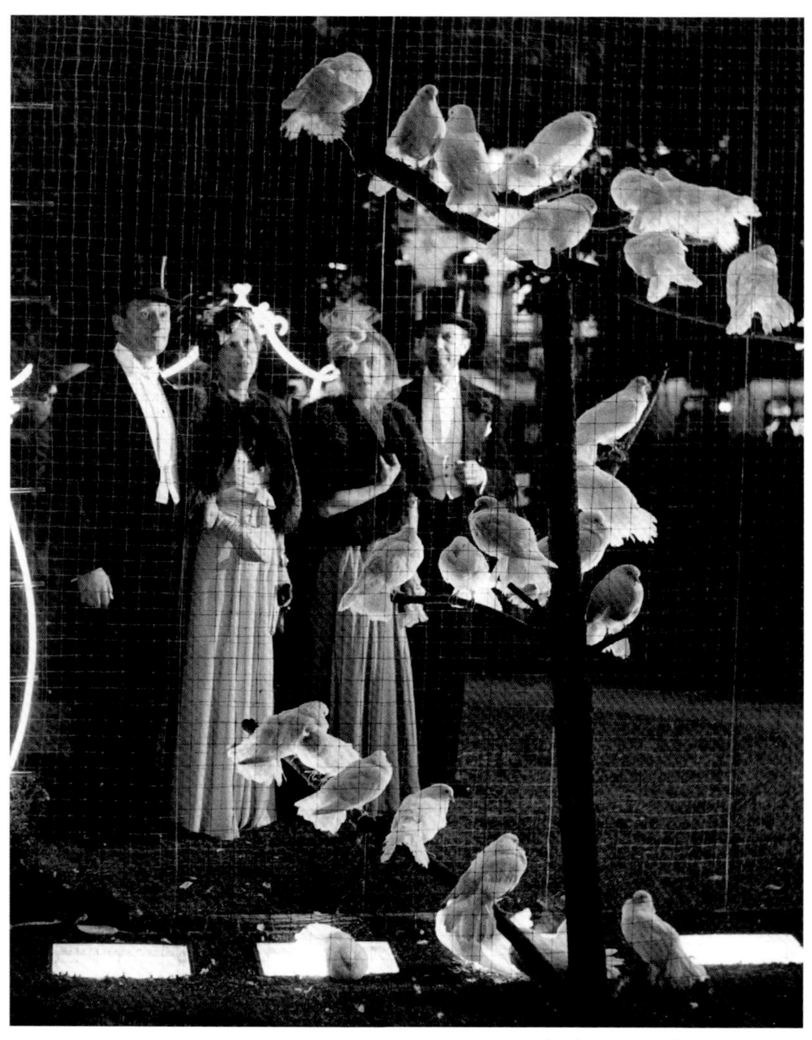

Nuit de Longchamp, 1937
The Night of Longchamp

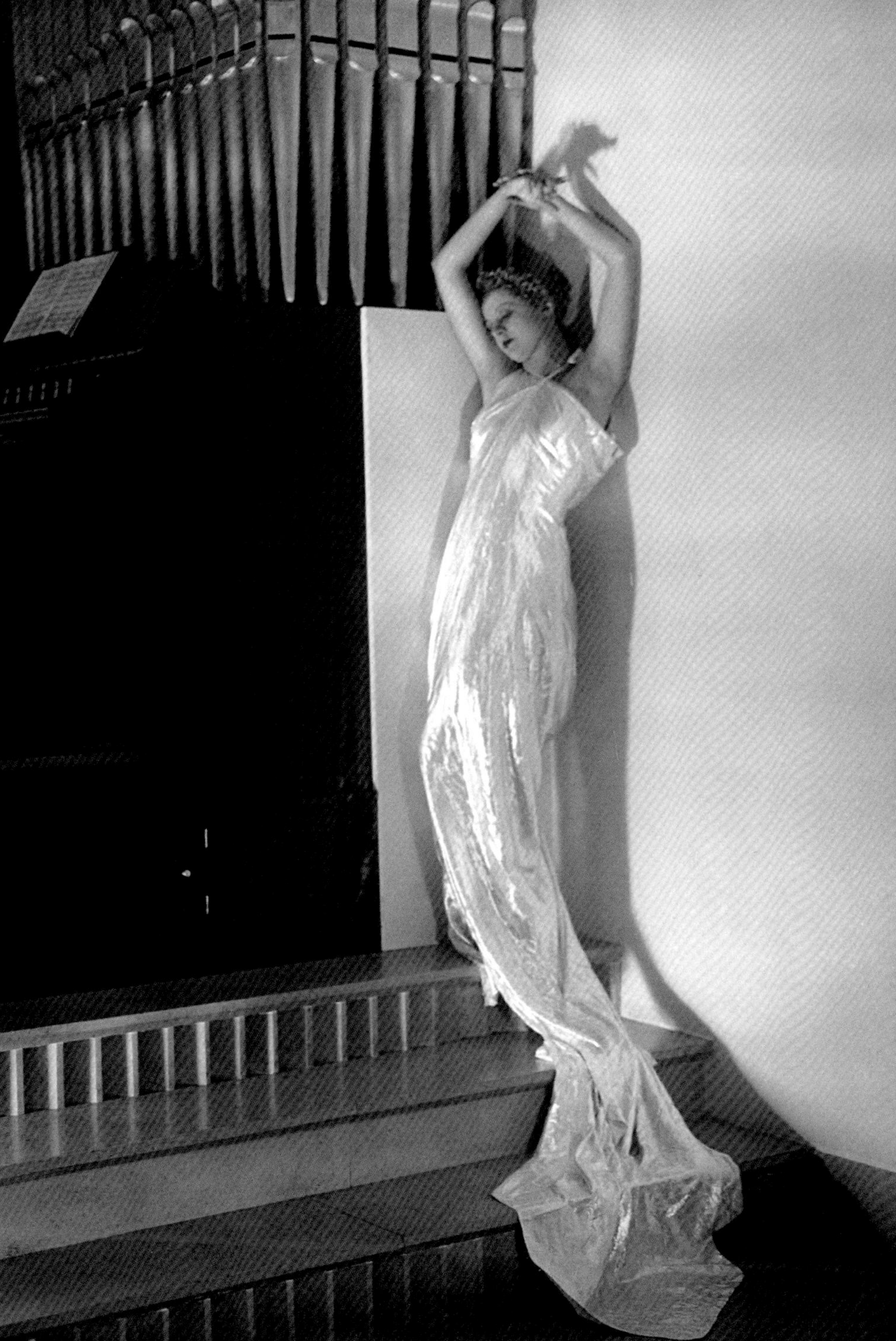

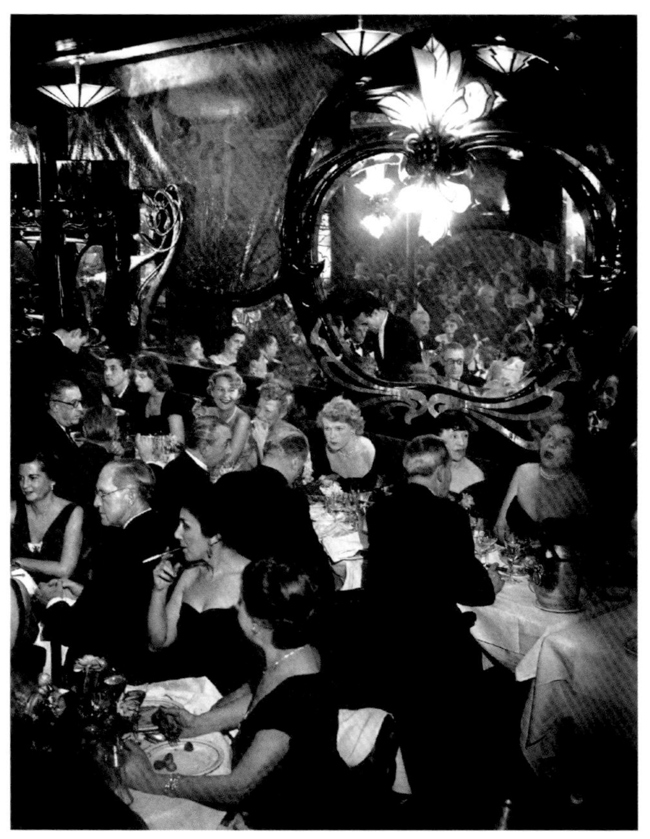

Soirée chez Maxim's à Paris, 1949
Soirée at Maxim's, Paris

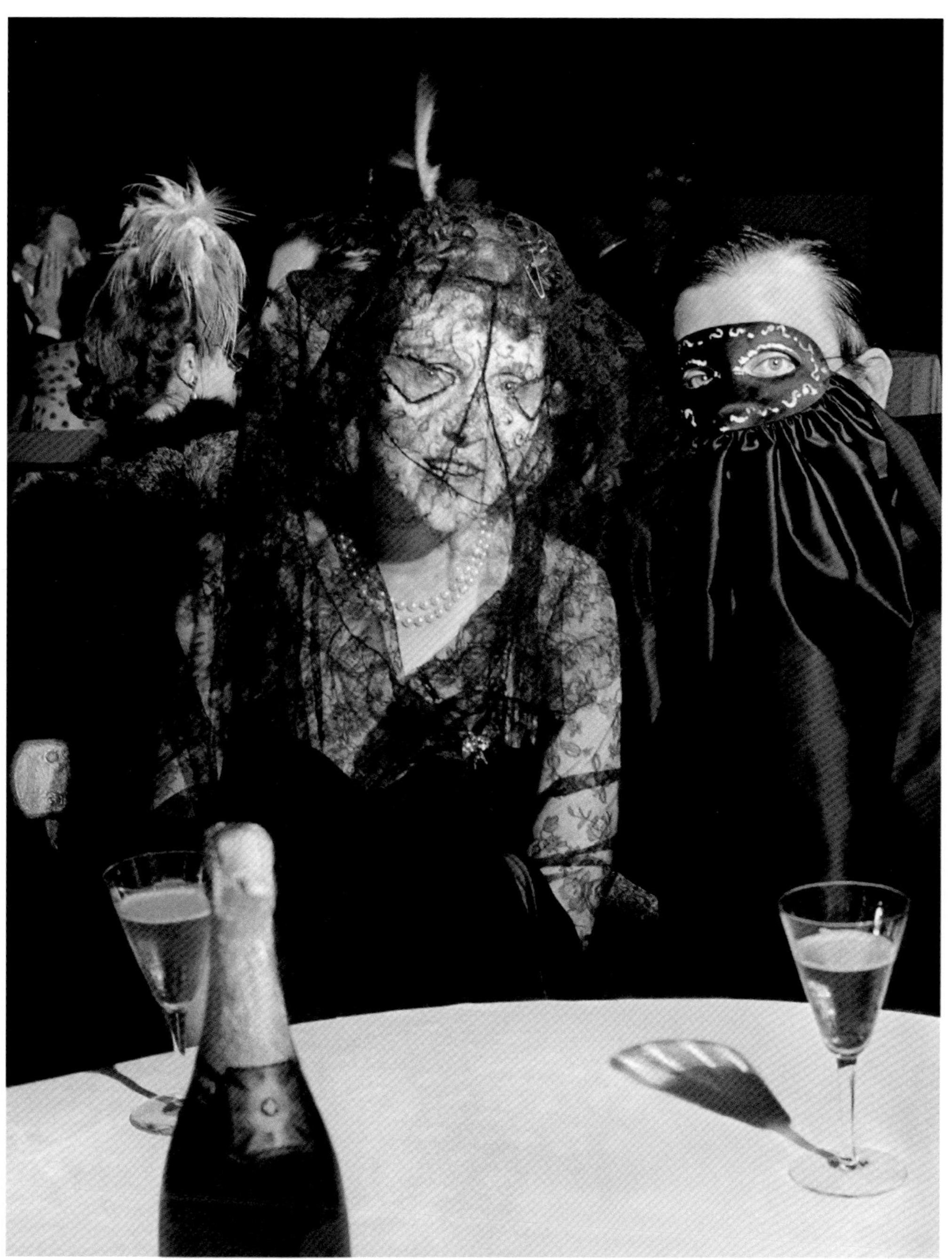

Christian Bérard masqué, septembre 1946 / Christian Bérard wearing a mask, September 1946

Tour Eiffel, 1932
The Eiffel Tower

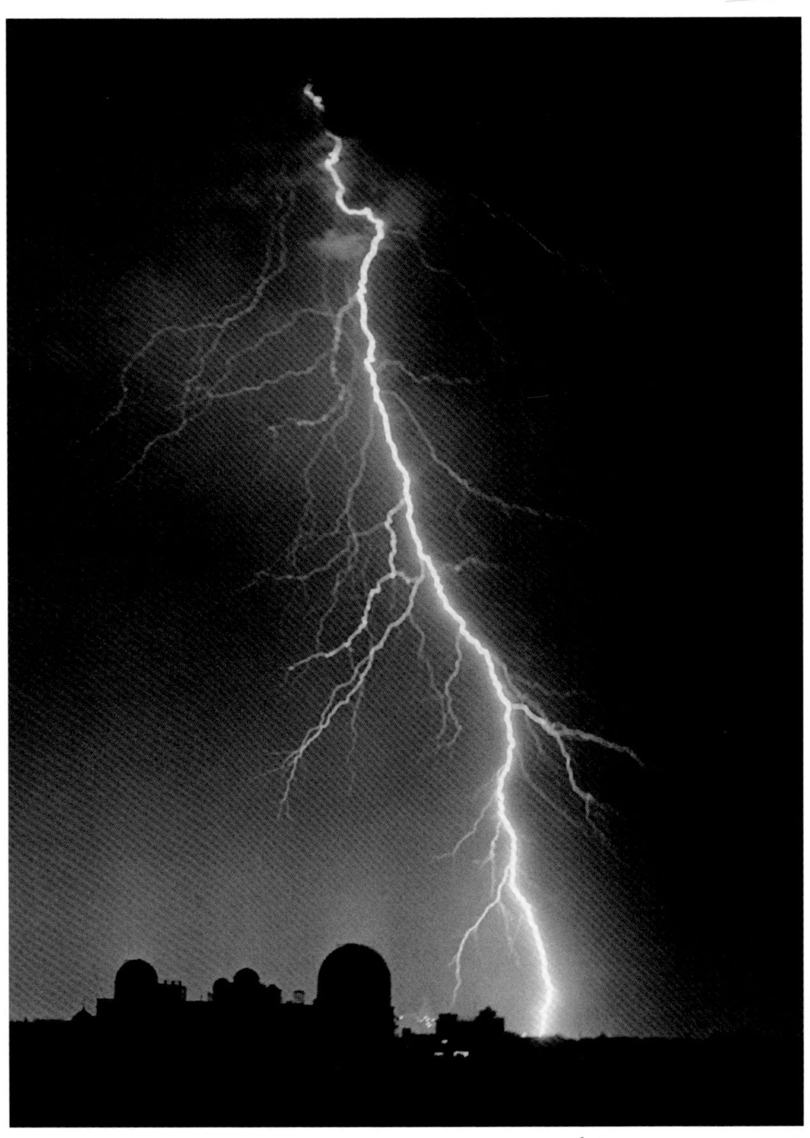

Éclair sur Paris, 1938
Lightning over Paris

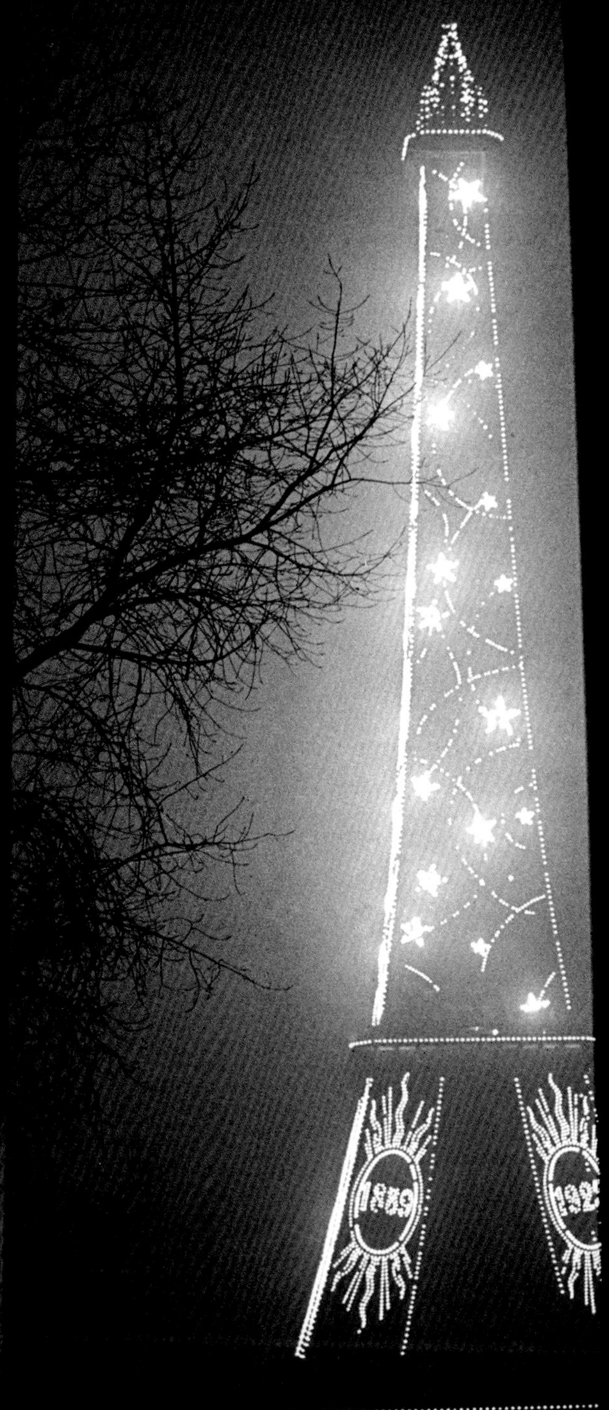

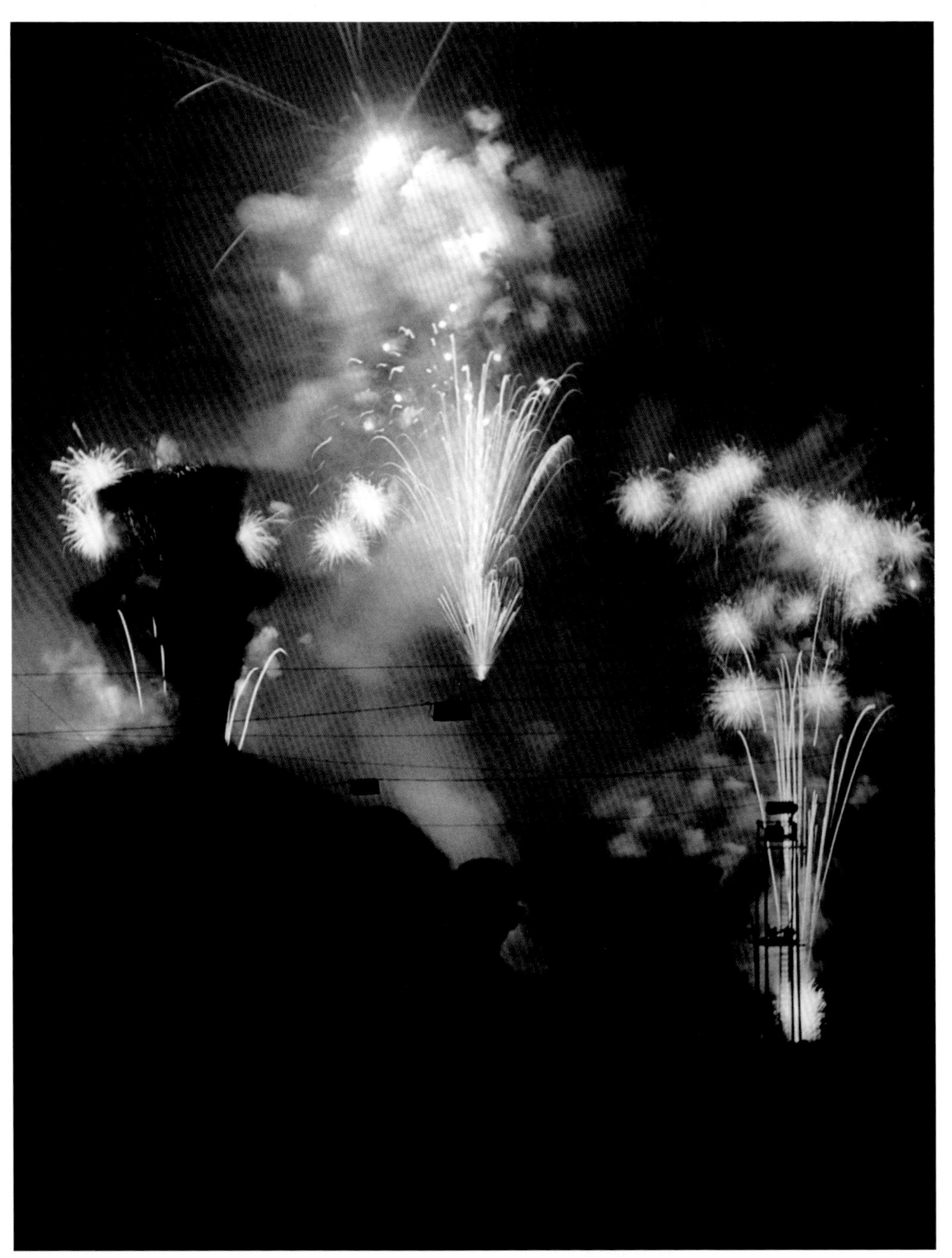

Nuit de Longchamp, 1937 / Fireworks at the Night of Longchamp

Tour Eiffel,
Exposition
universelle, 1937
The Eiffel Tower,
1937 Universal
Exposition

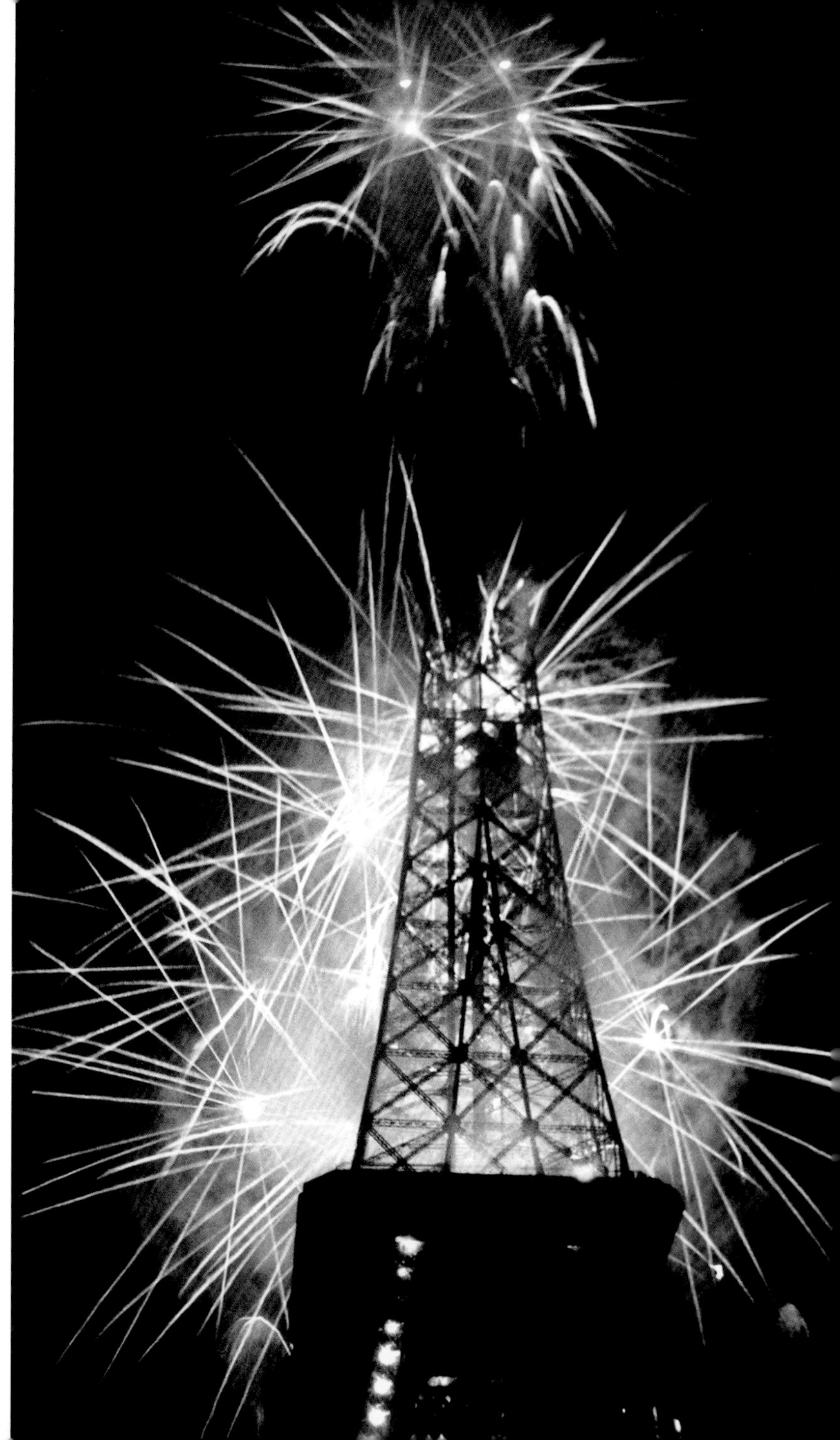

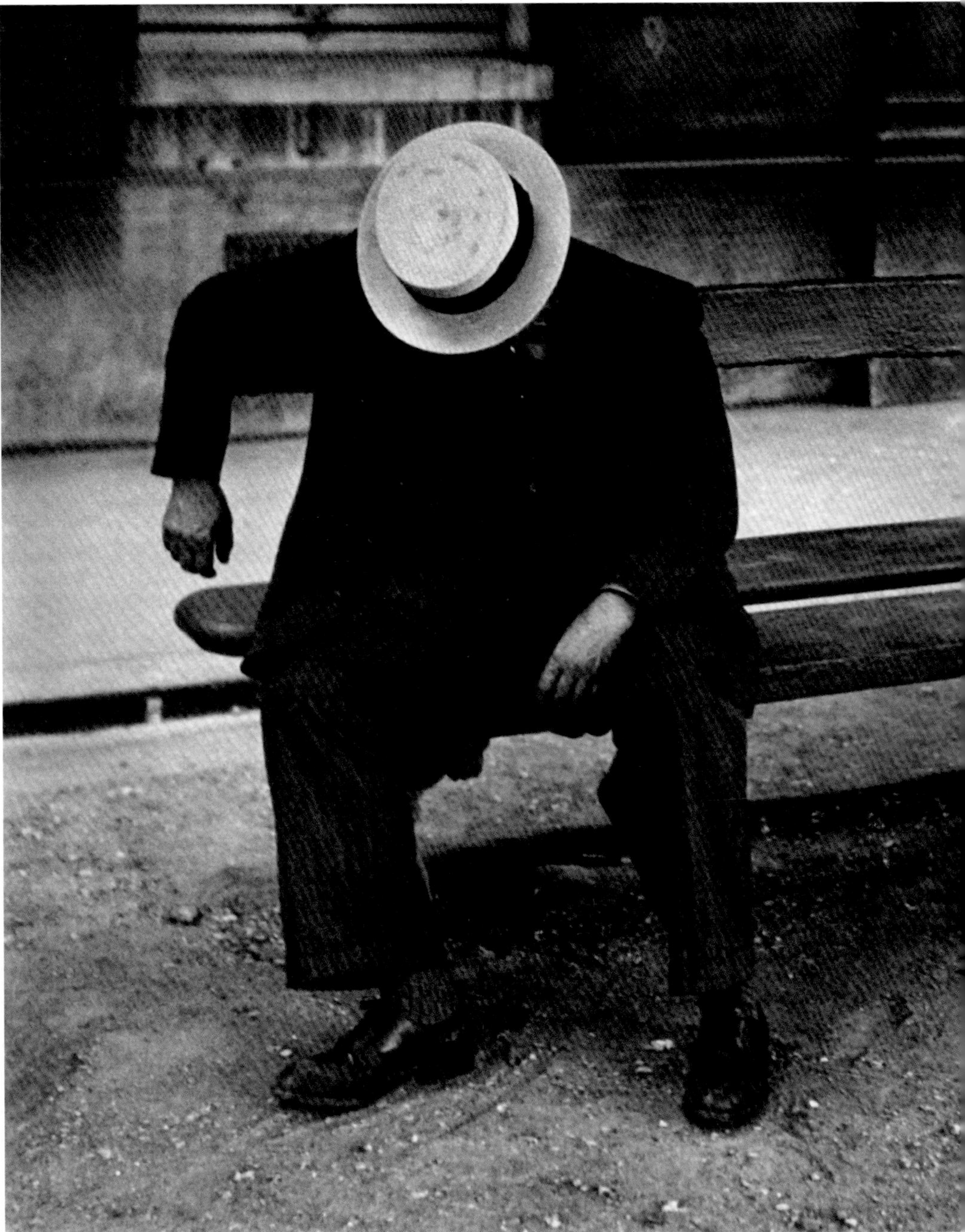

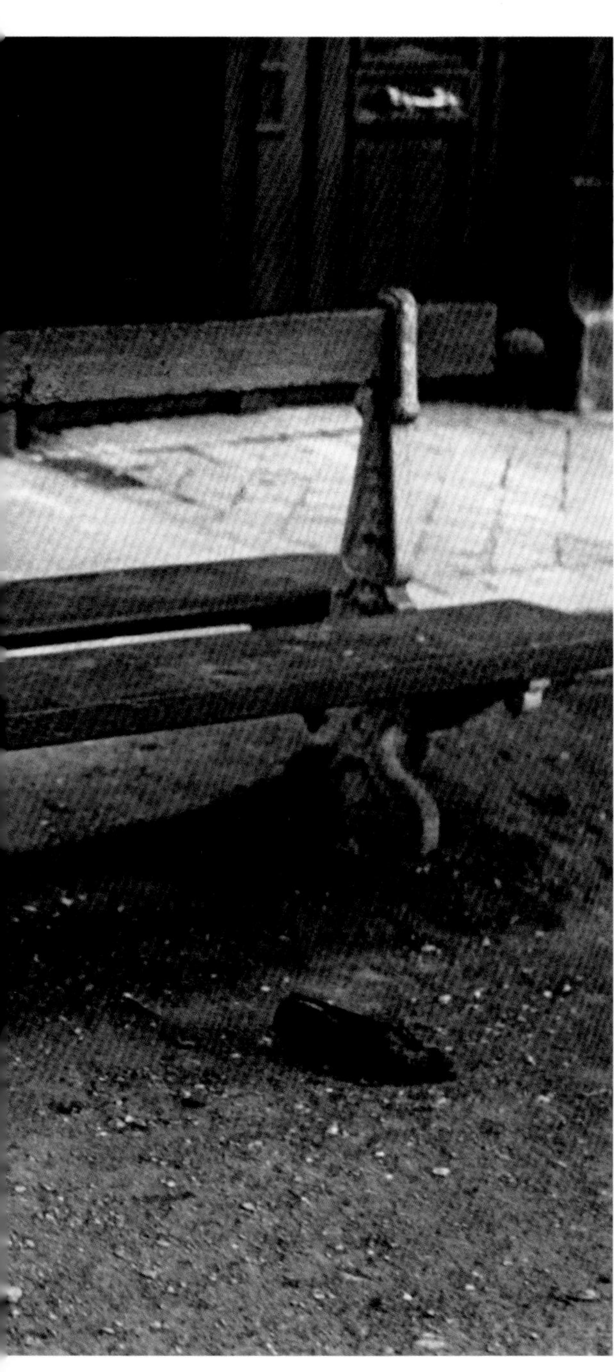

L’homme au canotier, 1932
Man in a straw hat

▸
Le Doyen des clochards parisiens, boulevard Saint-Jacques, c. 1934
The Doyen of Parisian Tramps, Boulevard Saint-Jacques

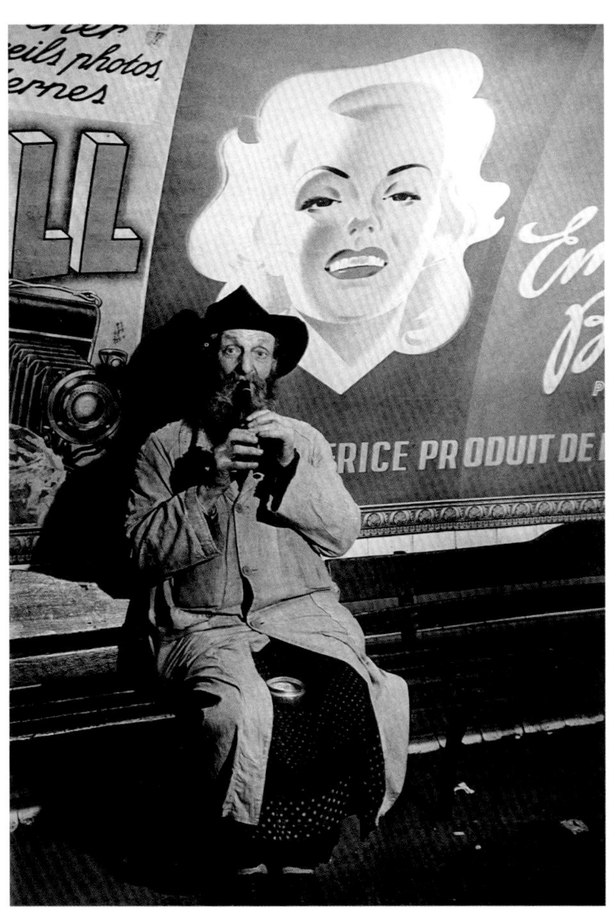

Le Père Laflûte, sans date / undated

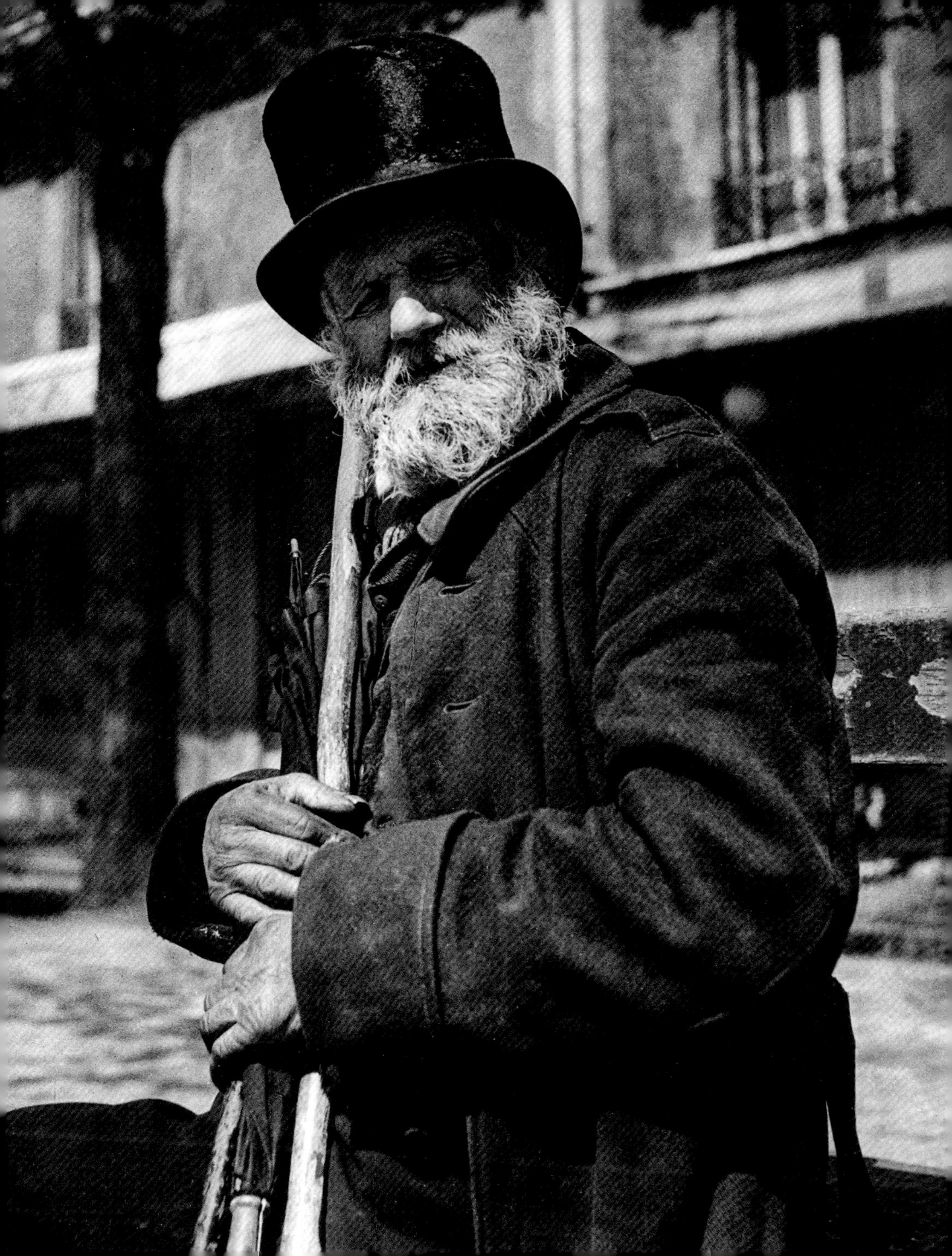

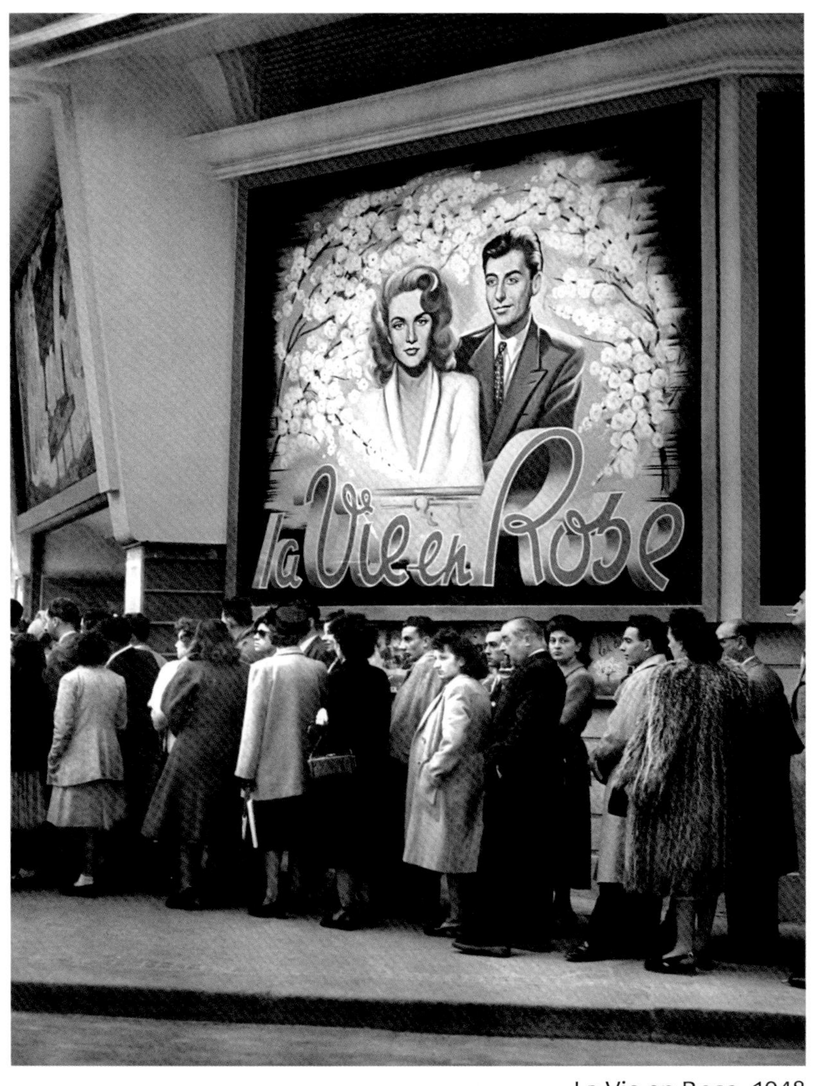

La Vie en Rose, 1948

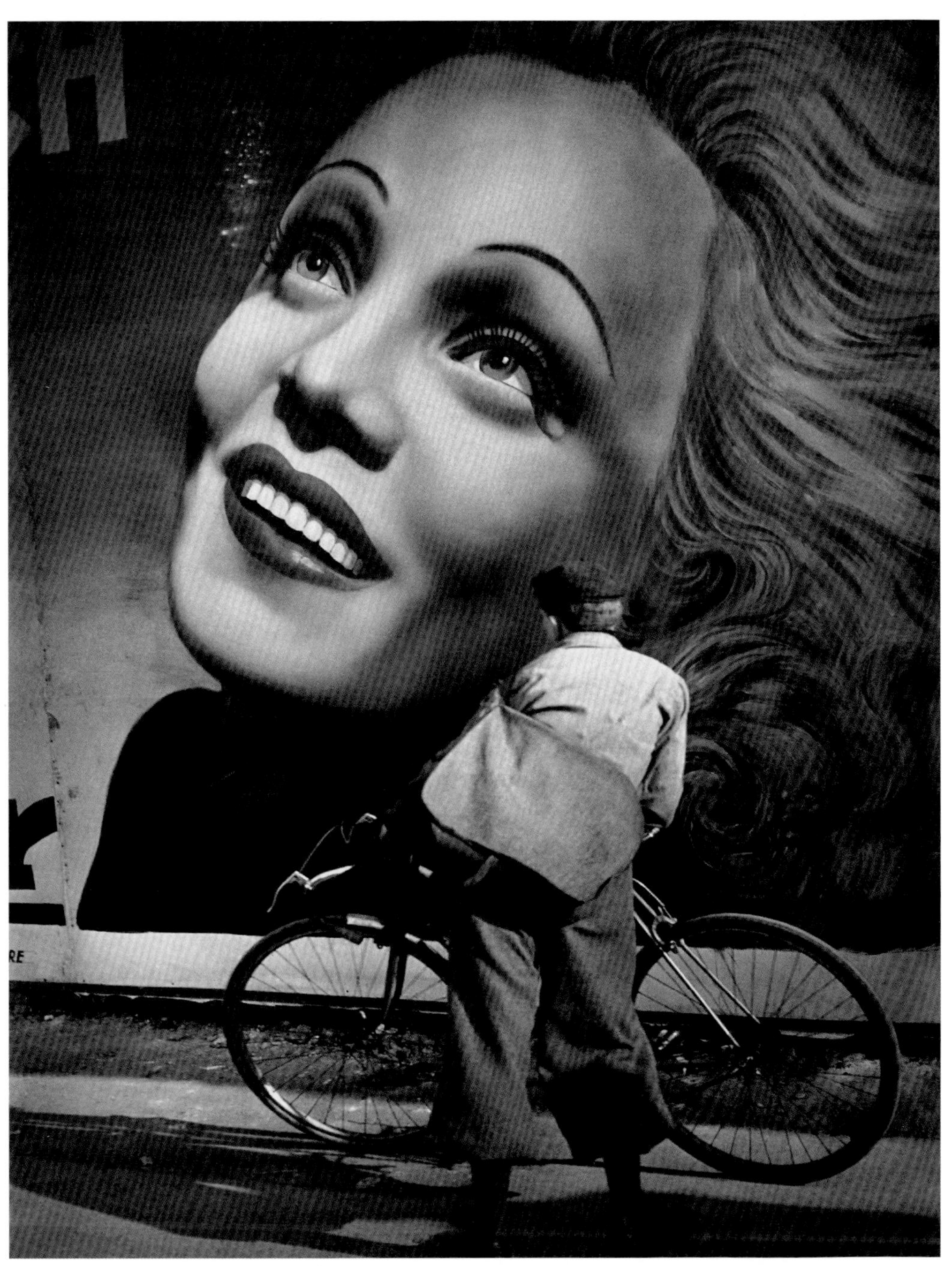

Marlene Dietrich, 1937

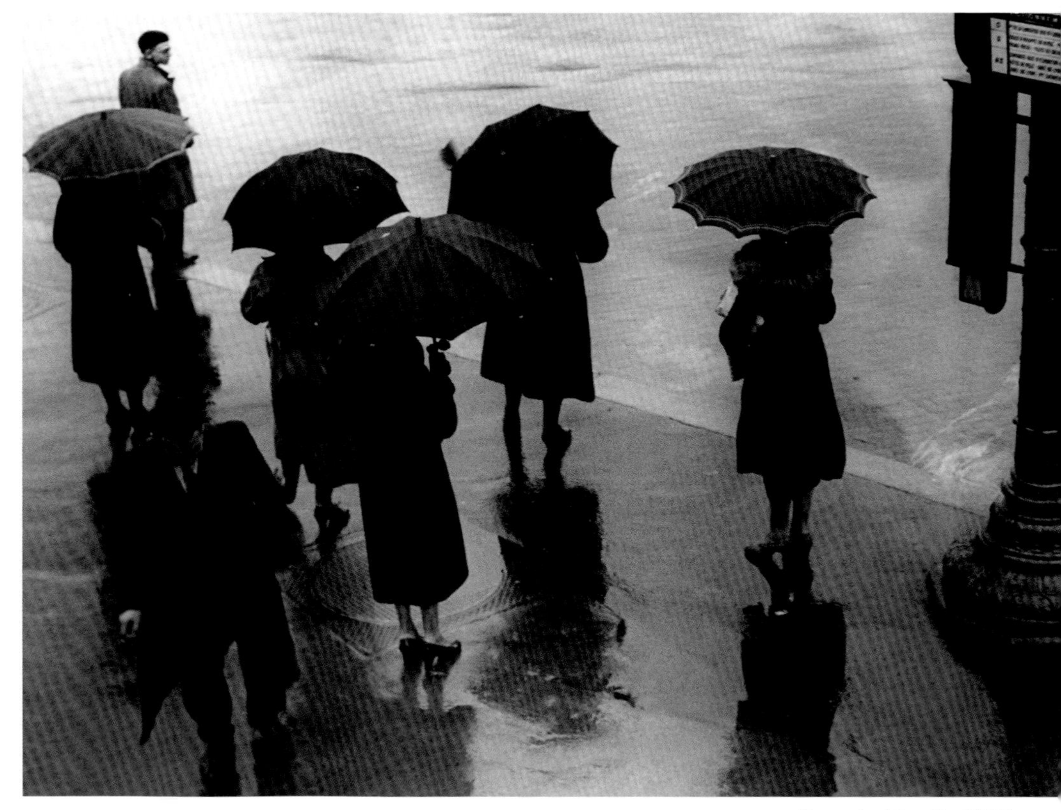

Rue de Rivoli, 1937

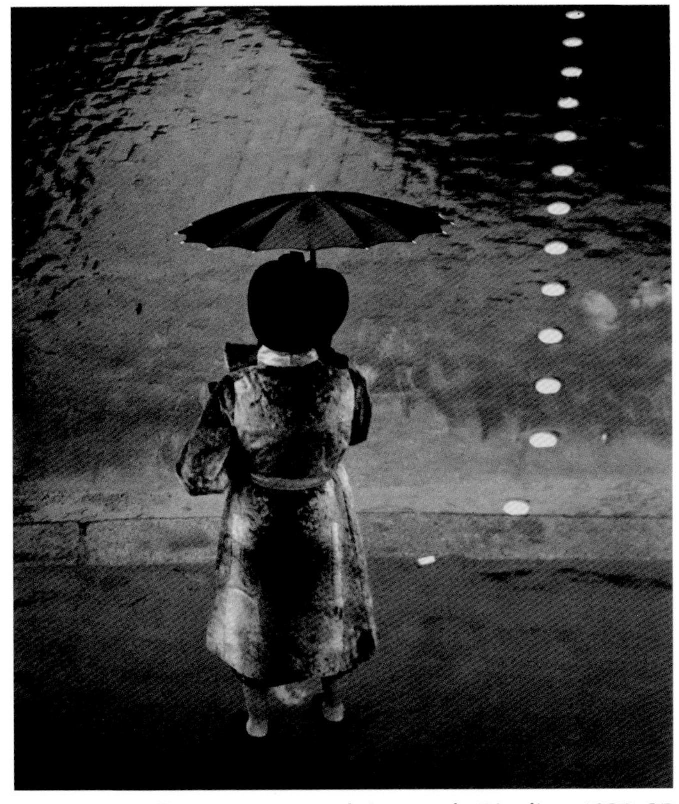

Femme au parapluie, rue de Rivoli, c. 1935–37
Woman with an umbrella on Rue de Rivoli

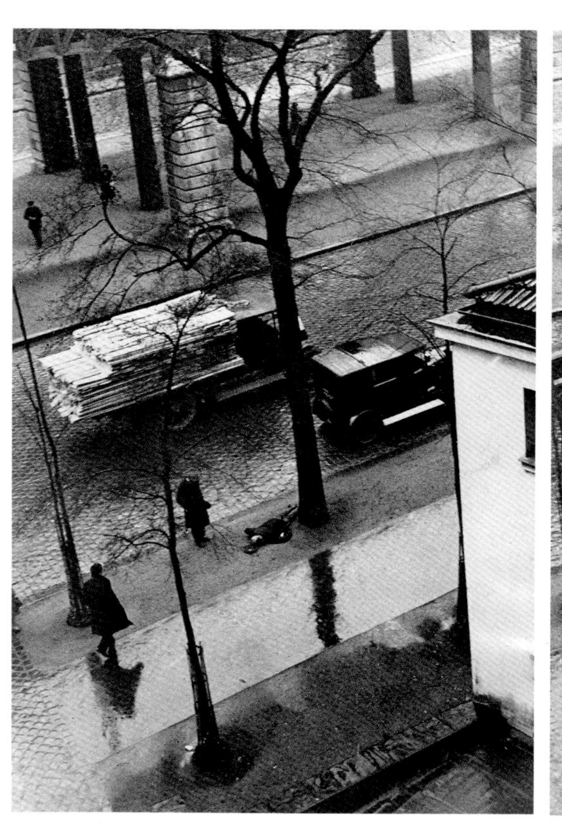

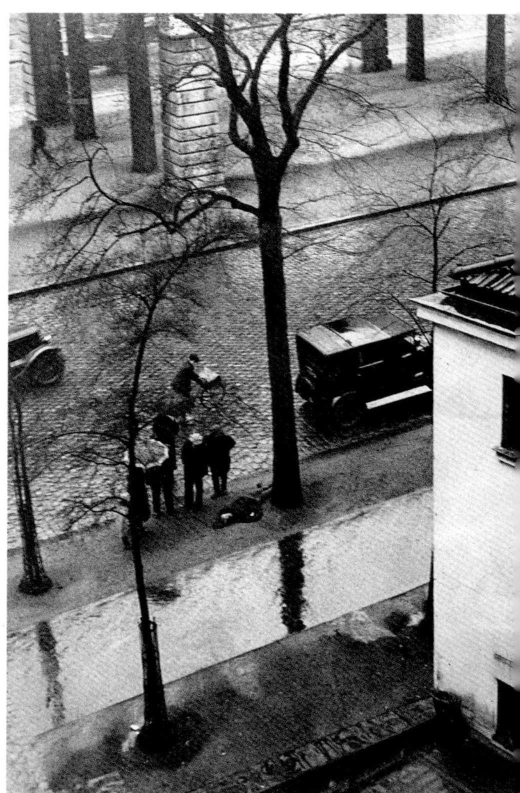

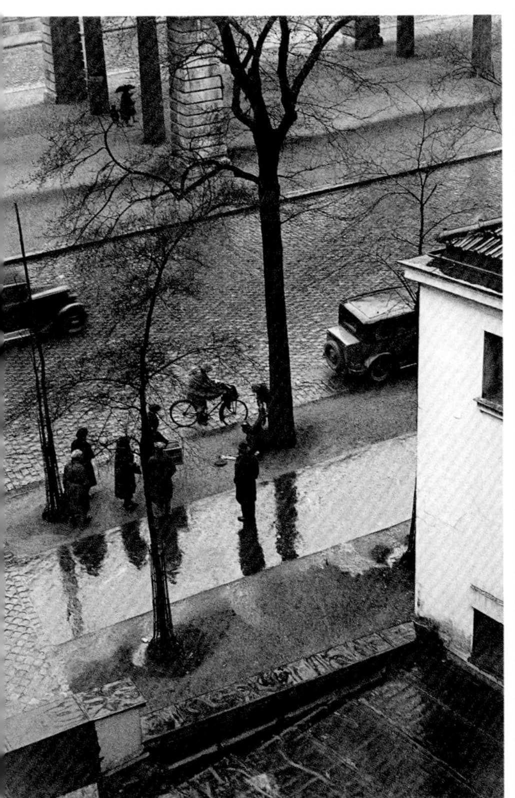

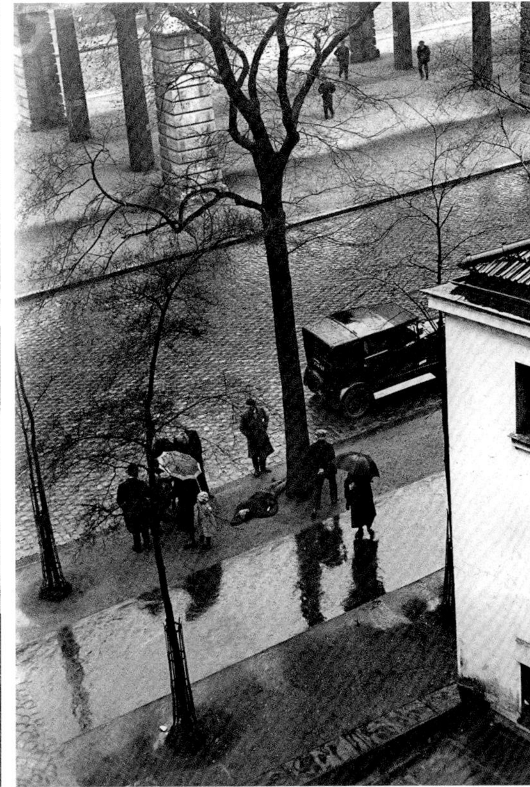

Un homme meurt dans la rue, boulevard de la Glacière, 1932
A man dies in the street, Boulevard de la Glacière

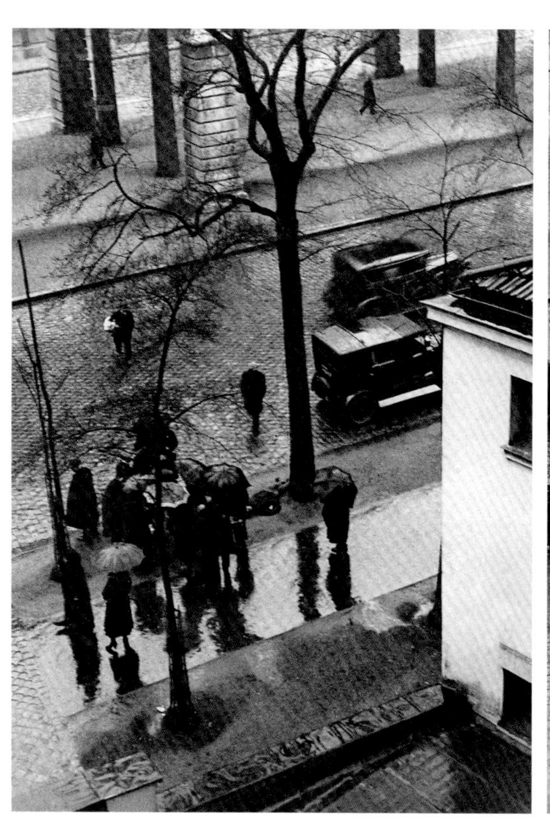
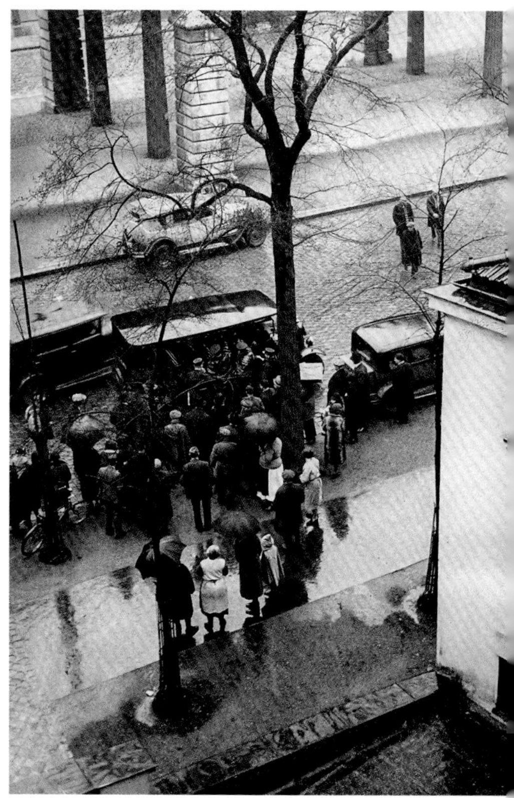

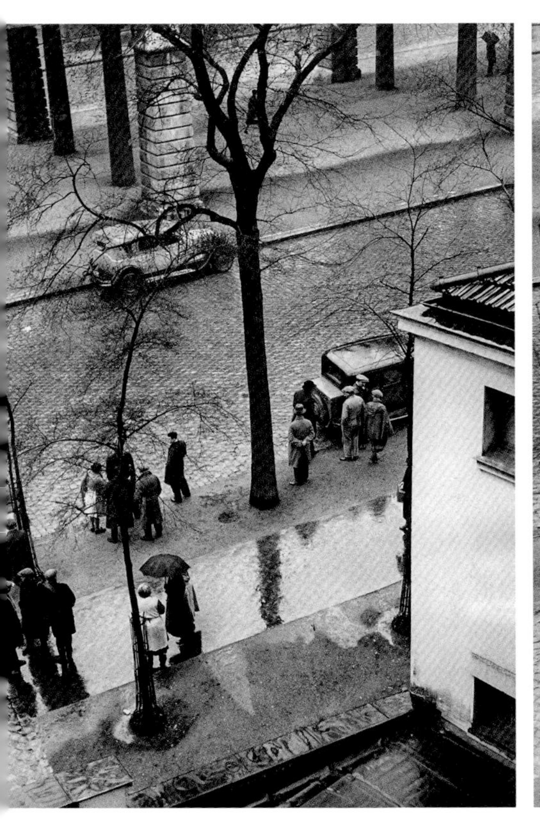

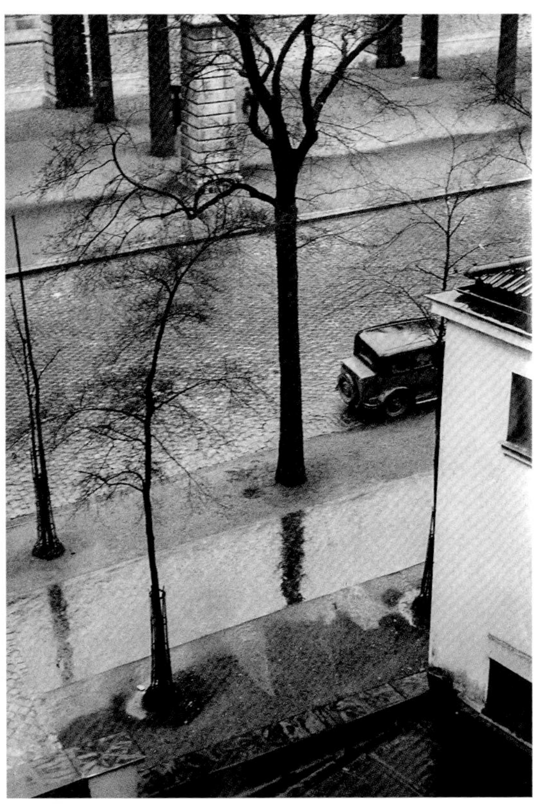

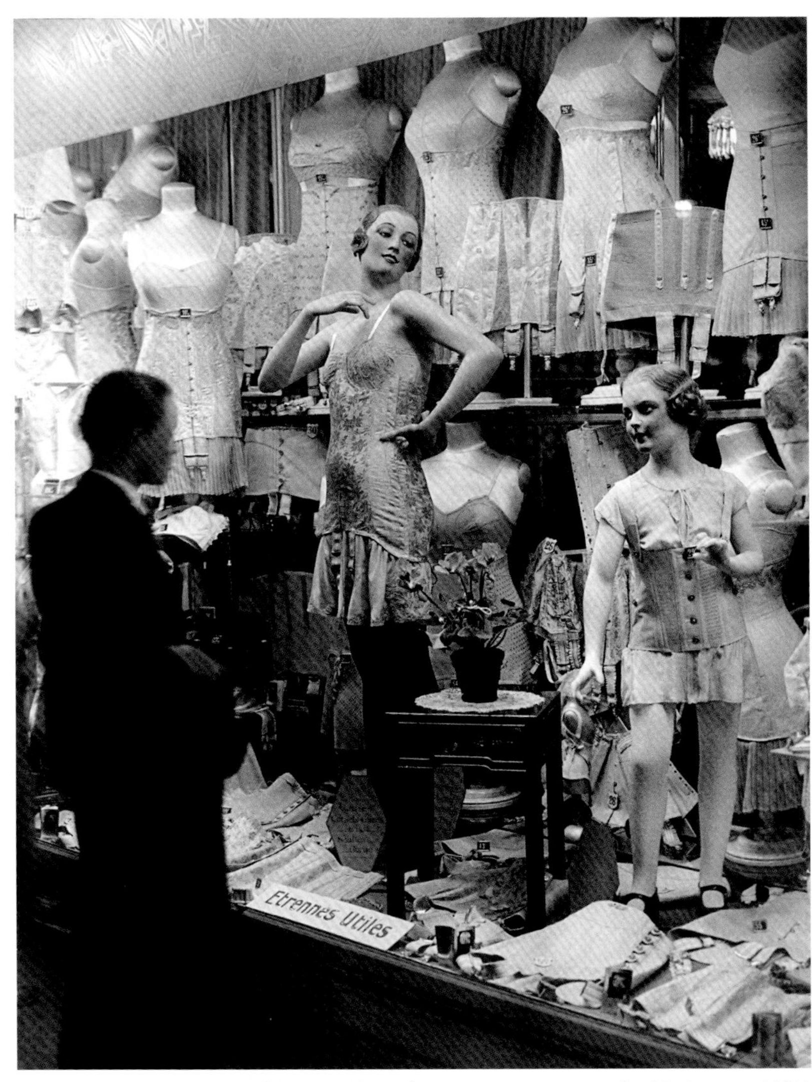

Une devanture avenue du Maine, c. 1931
A storefront on Avenue du Maine

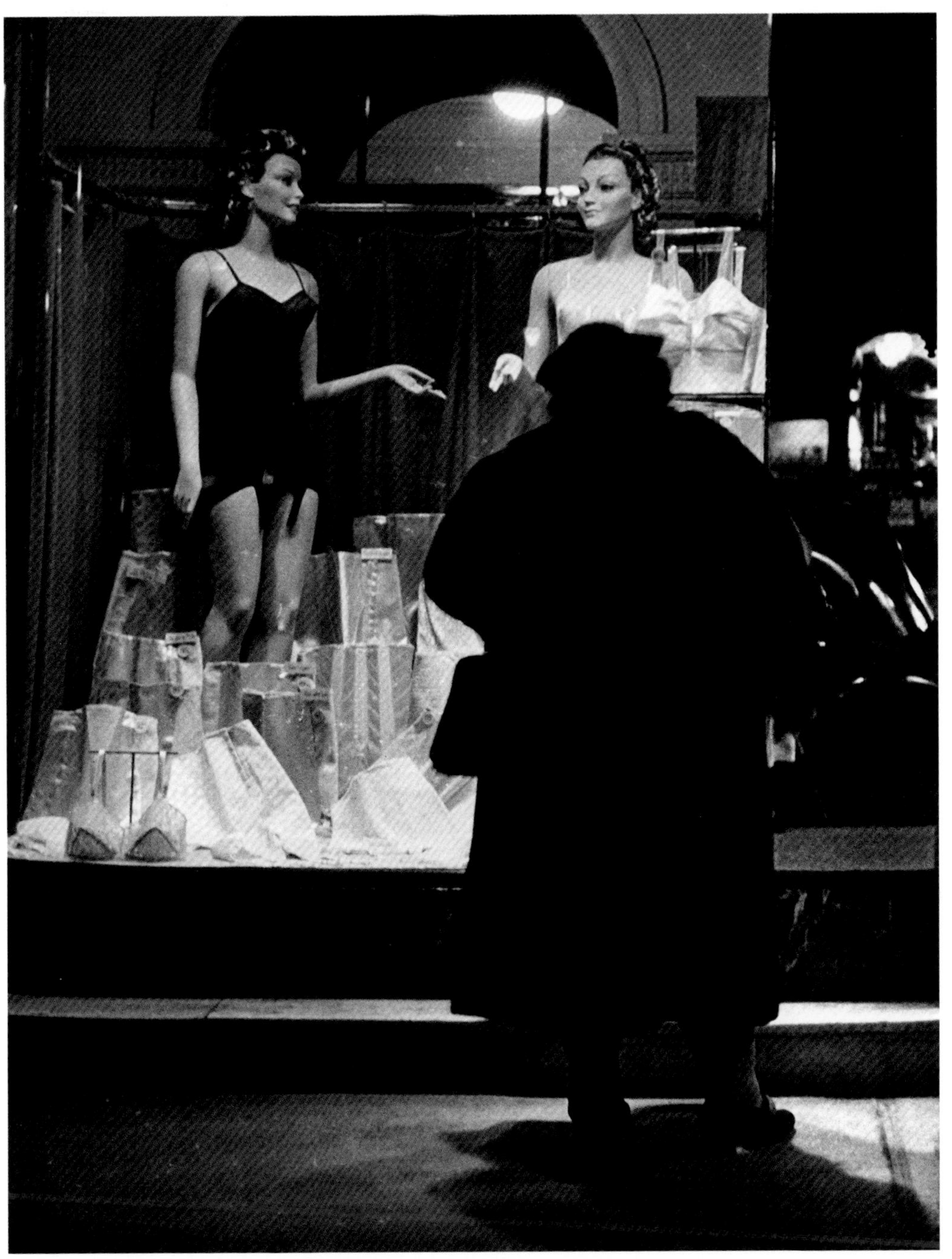

Le Rêve, les Grands-Boulevards, c. 1934 / *The Dream*, on the Grands Boulevards

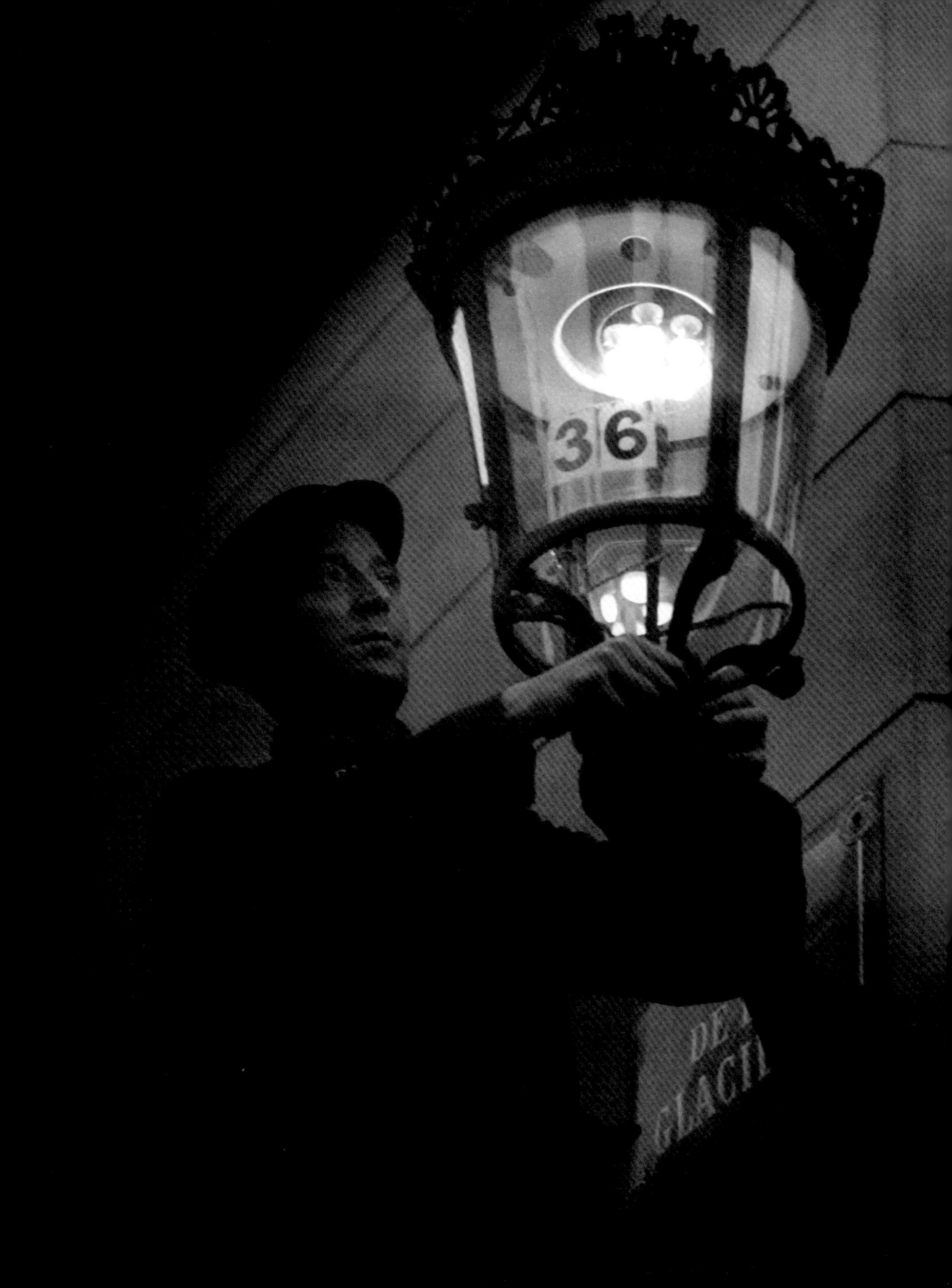
36
DE

« Ce qui m'intéressait, c'est ce qui se passait la nuit derrière les murs. J'ai fait donc une étude de mœurs par la photographie, une étude sociale du Paris underground. »

"What interested me was what happened at night behind the walls. I thus undertook a behavioral study in photography, a social study of 'Paris Underground.'"

Brassaï, note manuscrite, sans date / undated manuscript note

Allumeur de bec de gaz, c. 1933
Lamplighter

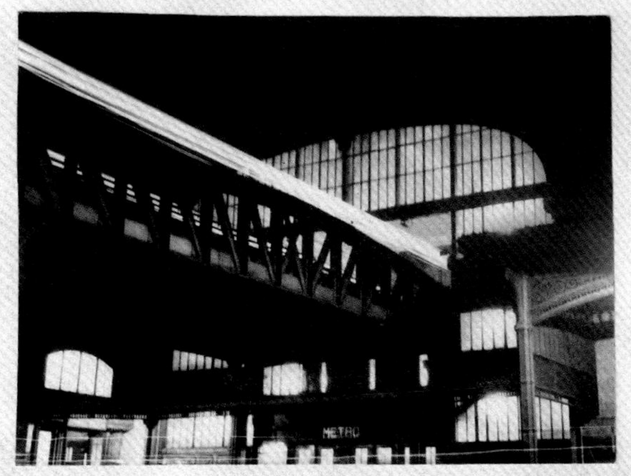

Mes premières photos de nuit vers 1929

Brassaï

Mes premières
photos de nuit
vers 1929..
Brassaï

Pavés, 1931–32
Cobblestones

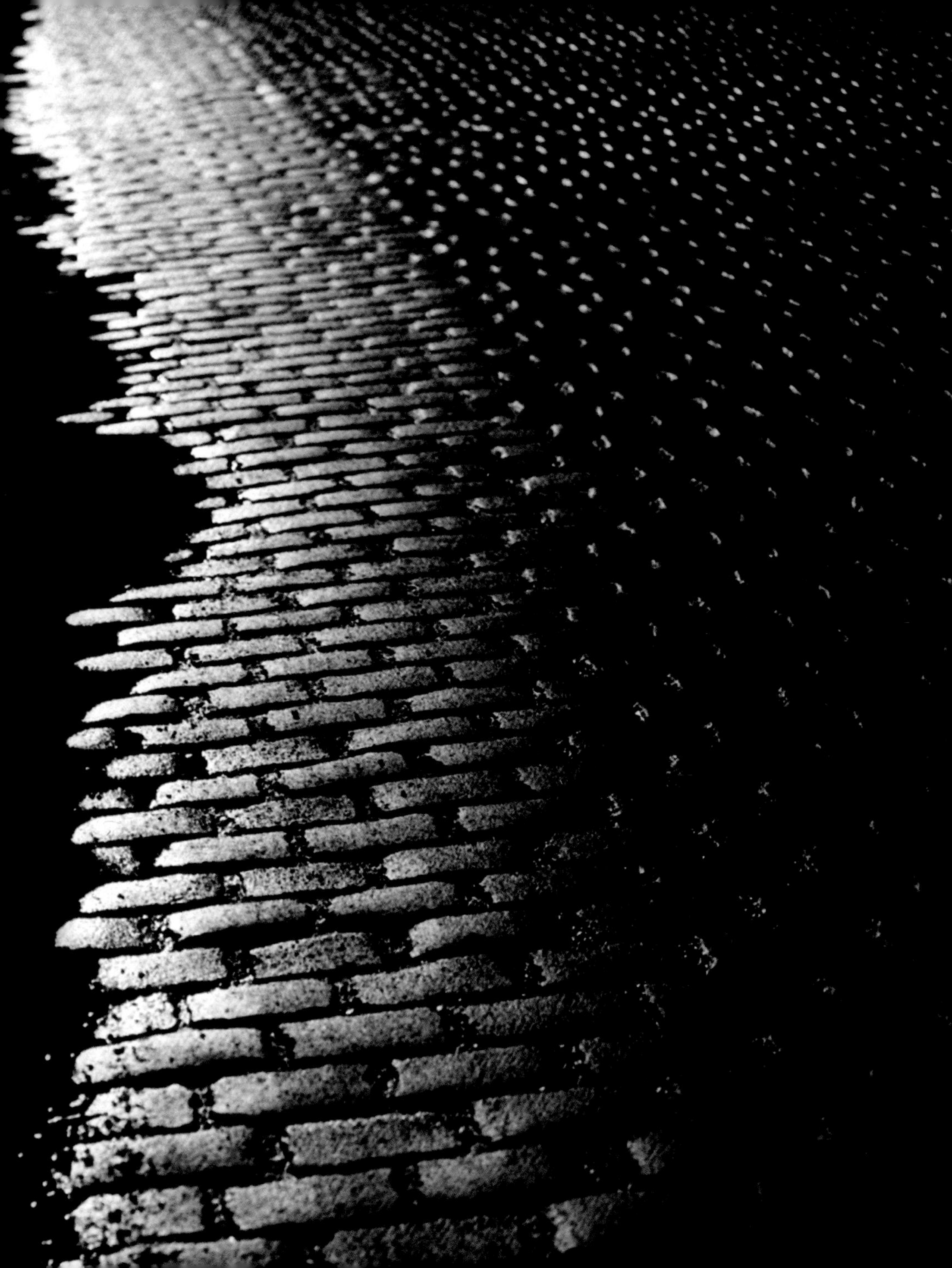

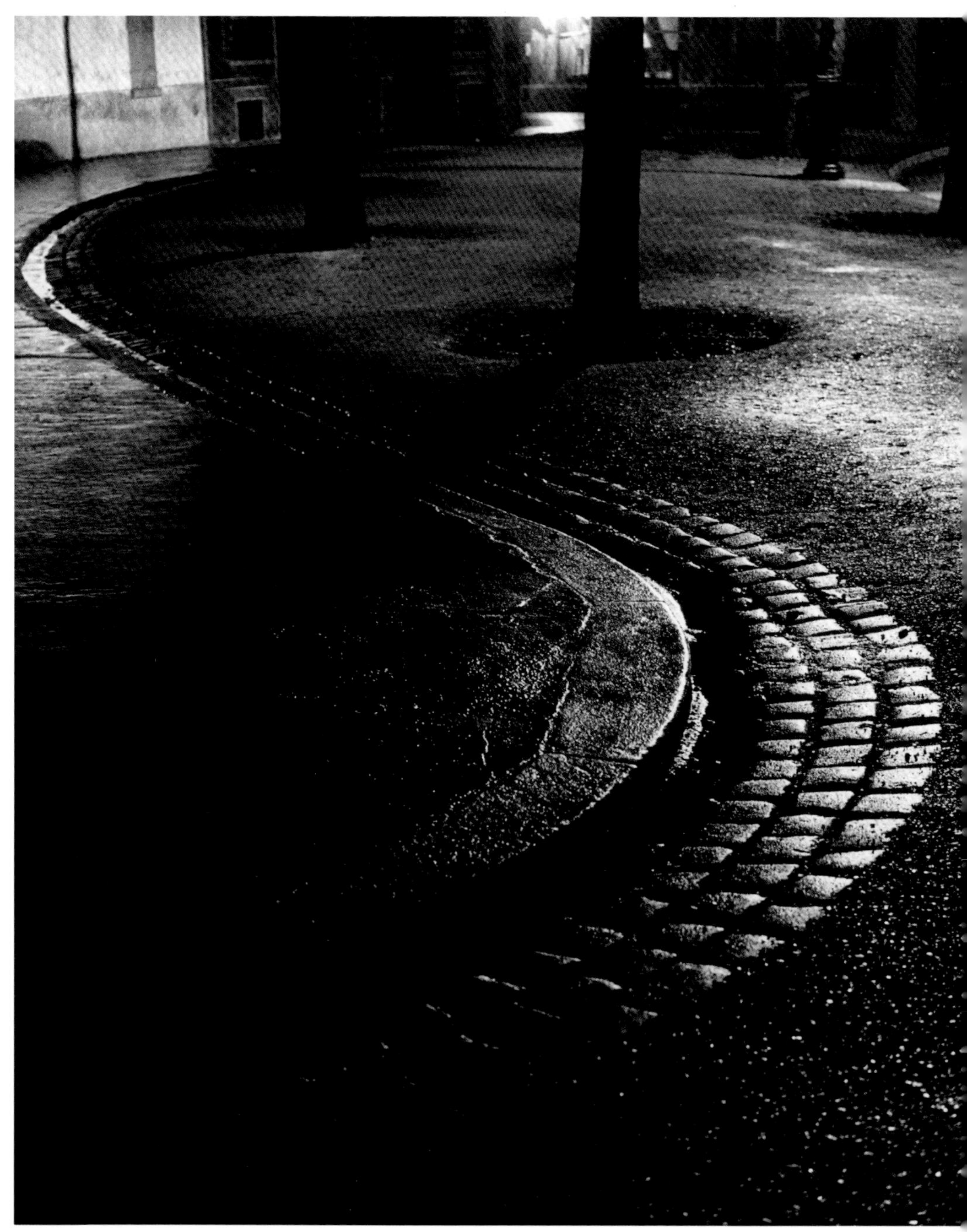

Le Ruisseau qui serpente, 1931–32 / *The Winding Stream*

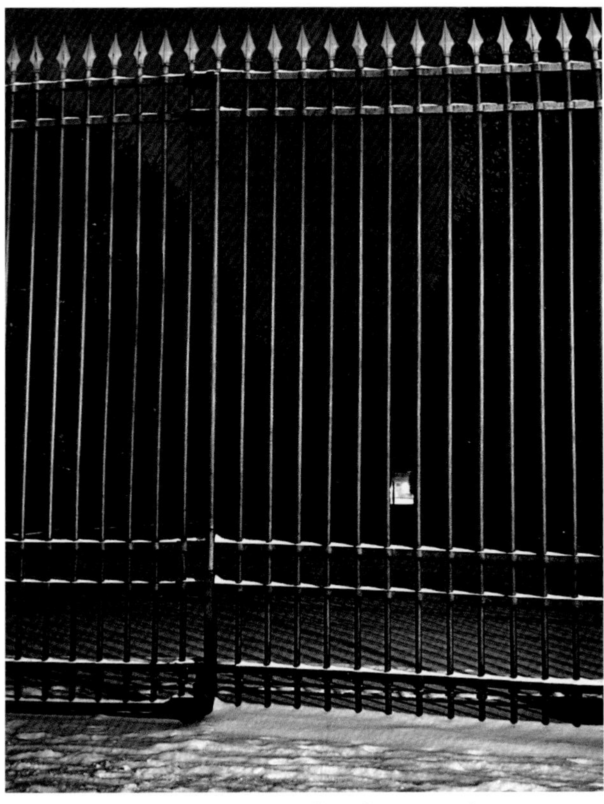

Les grilles du Luxembourg, 1935
Railings at the Luxembourg Gardens

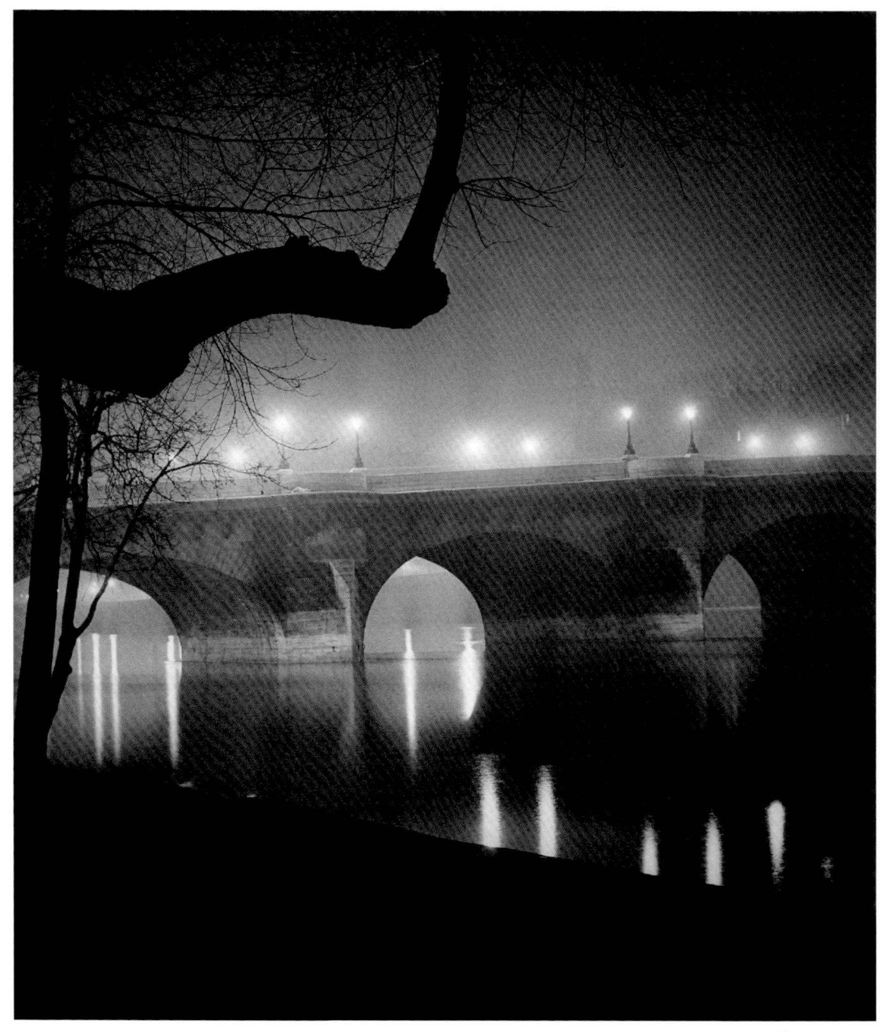

Pont-Neuf, c. 1936

Pont du Carrousel, c. 1936

▸
Pont-Neuf, 1936

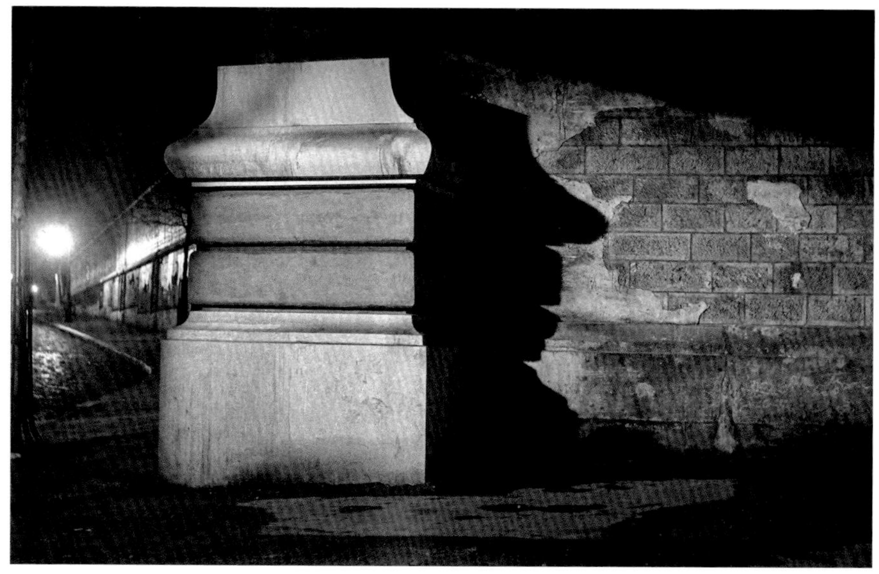

Pilier du métro Corvisart, 1934
Pillar of the Corvisart metro station

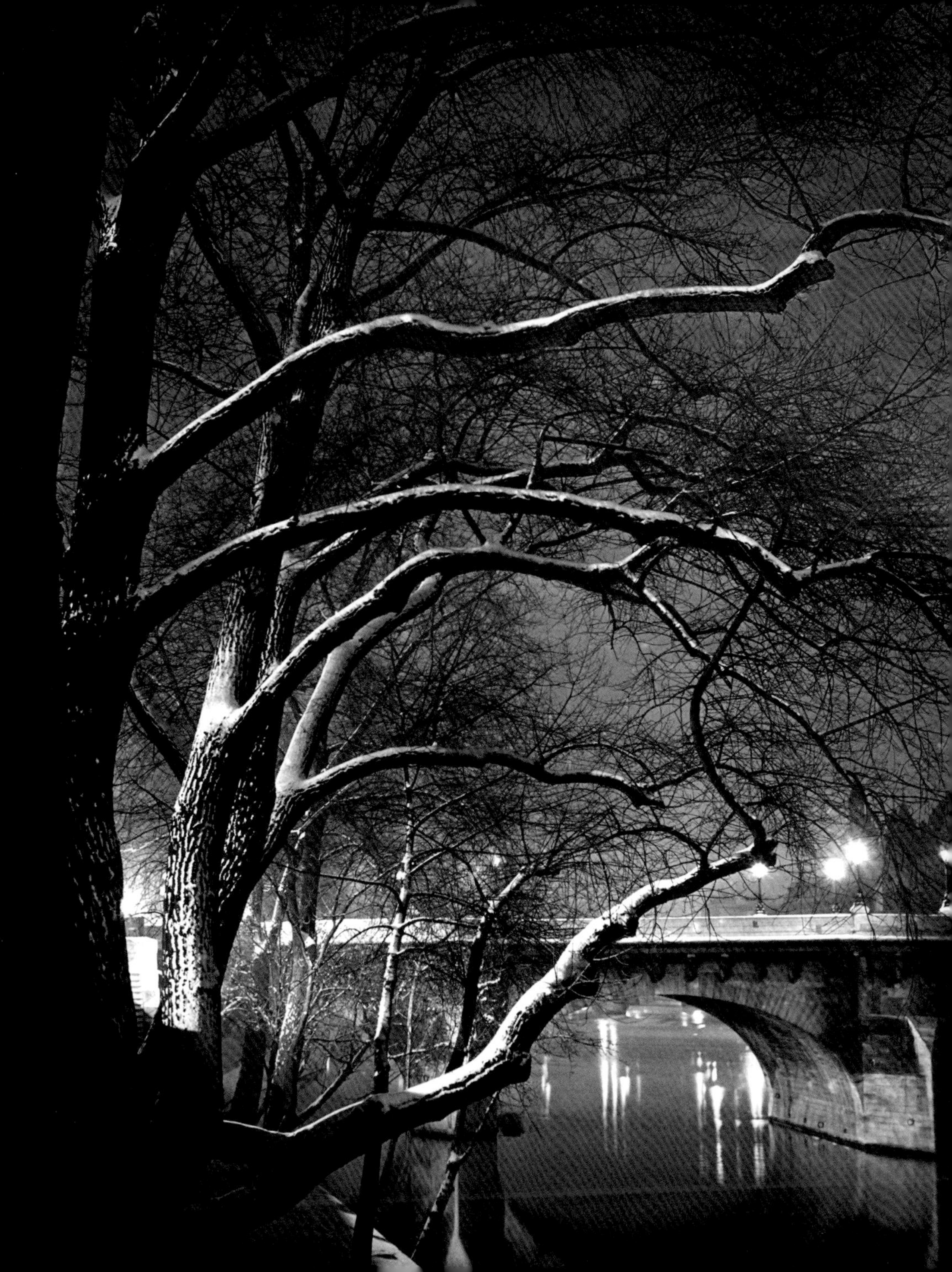

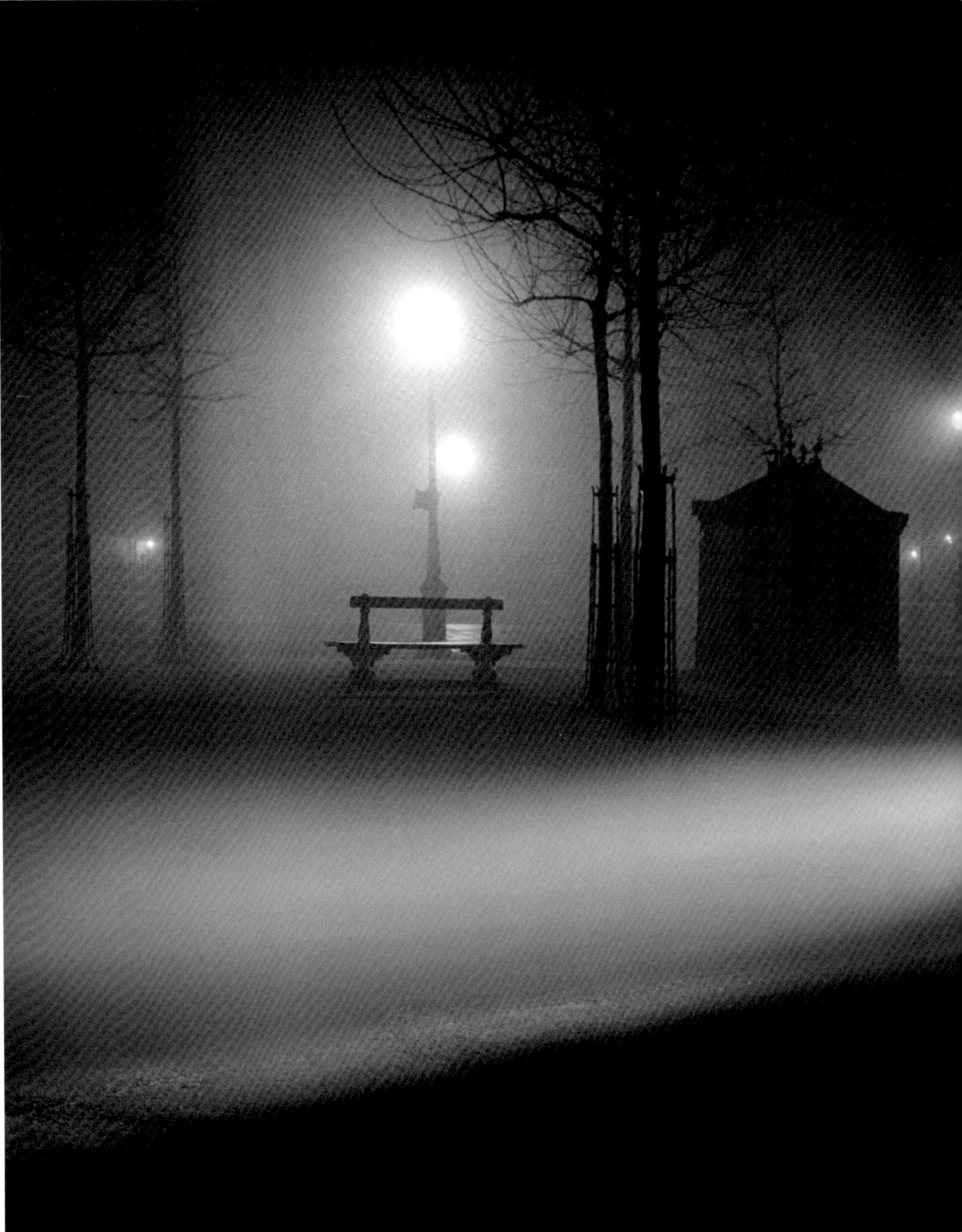

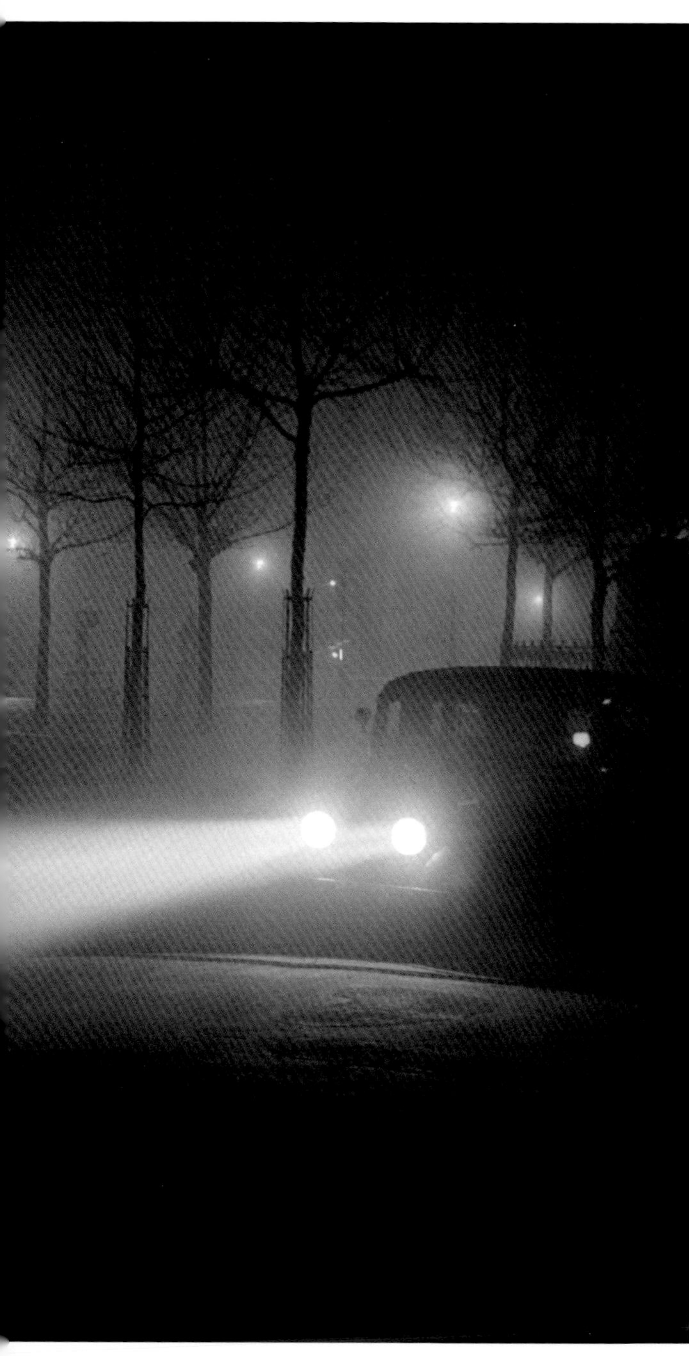

Phares de voiture, avenue de l'Observatoire, 1934
Car headlights on Avenue de l'Observatoire

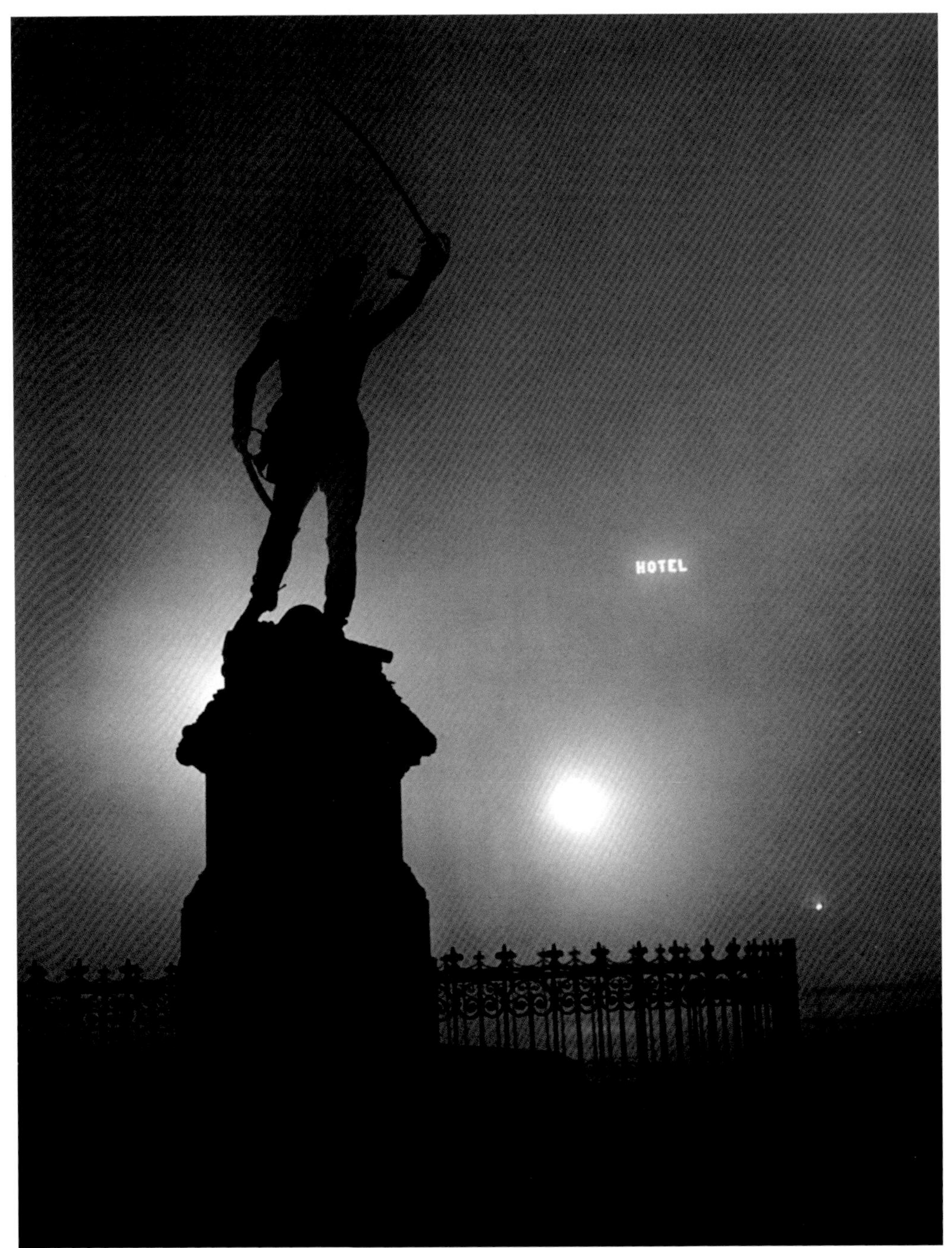

Statue du maréchal Ney dans le brouillard, 1932 / Statue of Marshal Ney in the fog

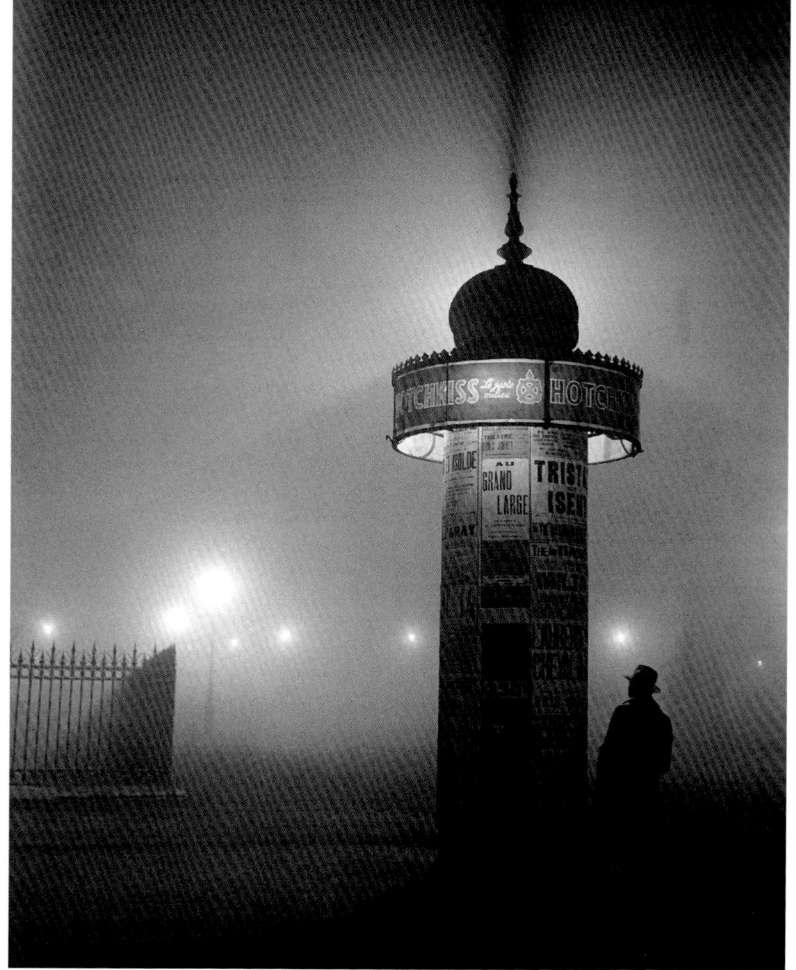

Colonne Morris, avenue de l'Observatoire, 1933
Morris column on Avenue de l'Observatoire

Les chimères contemplant l'île de la Cité et Paris, c. 1936
The chimeras contemplating the Île de la Cité and the rest of Paris

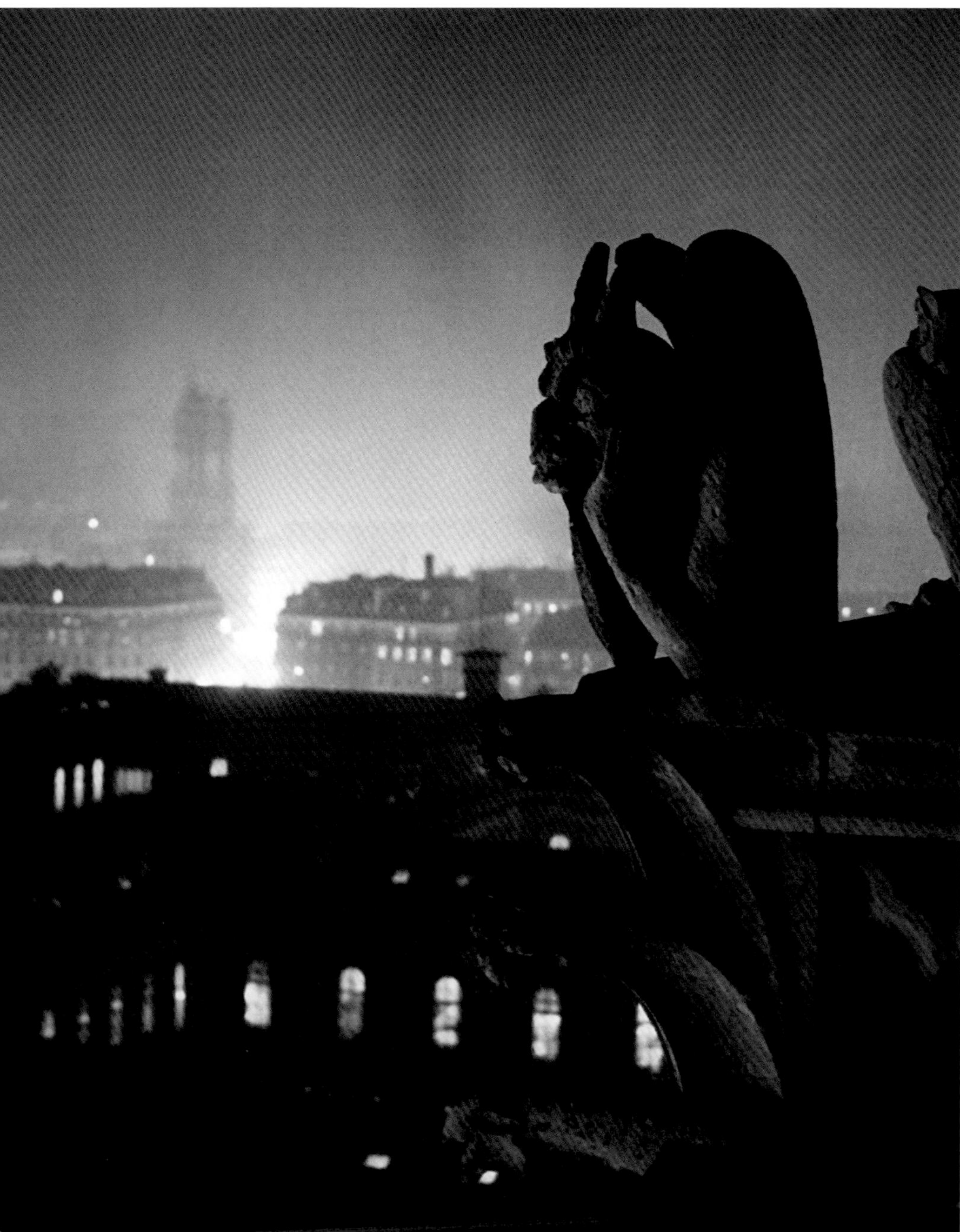

Notre-Dame, reflet, 1934–35
Reflection of Notre-Dame

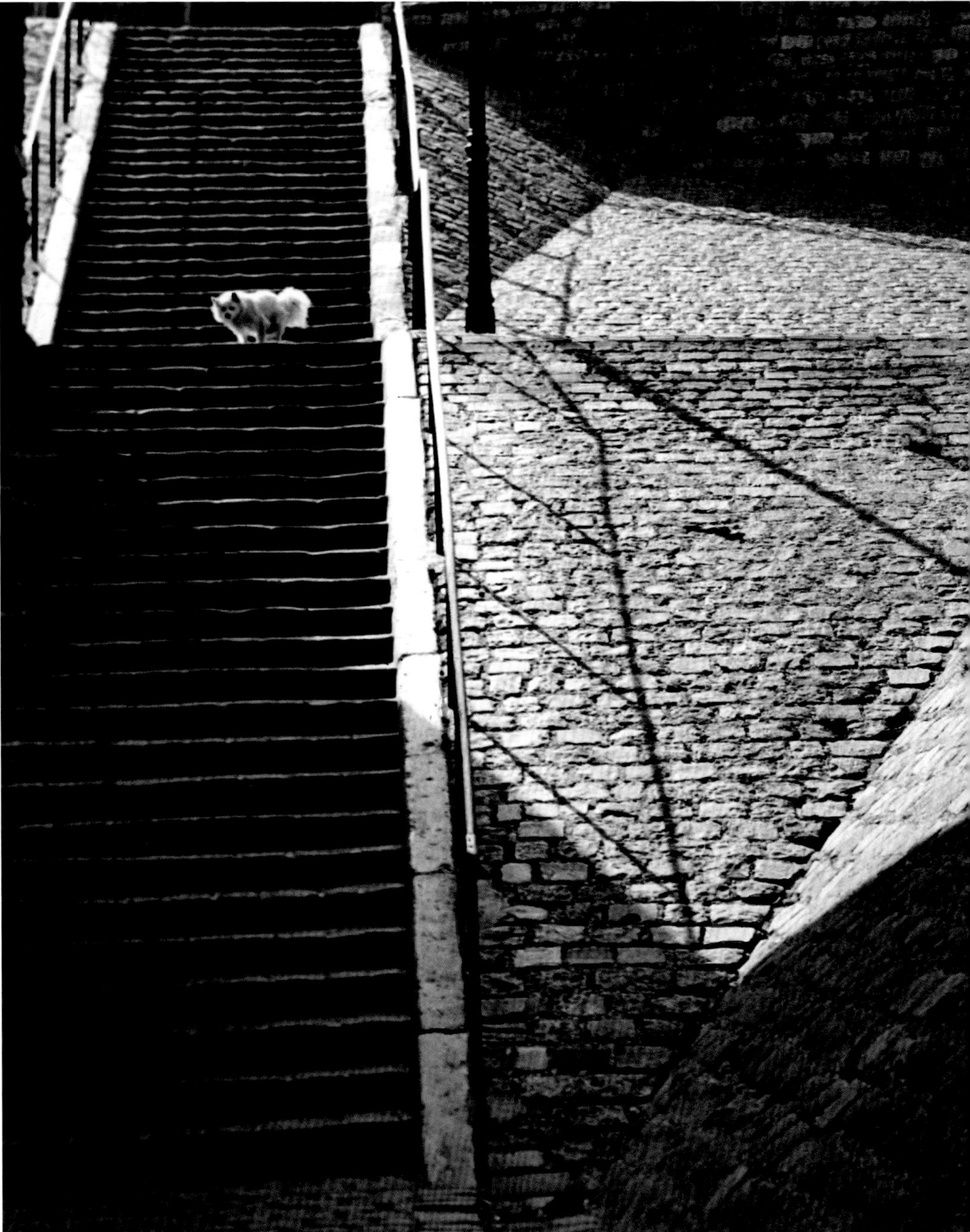

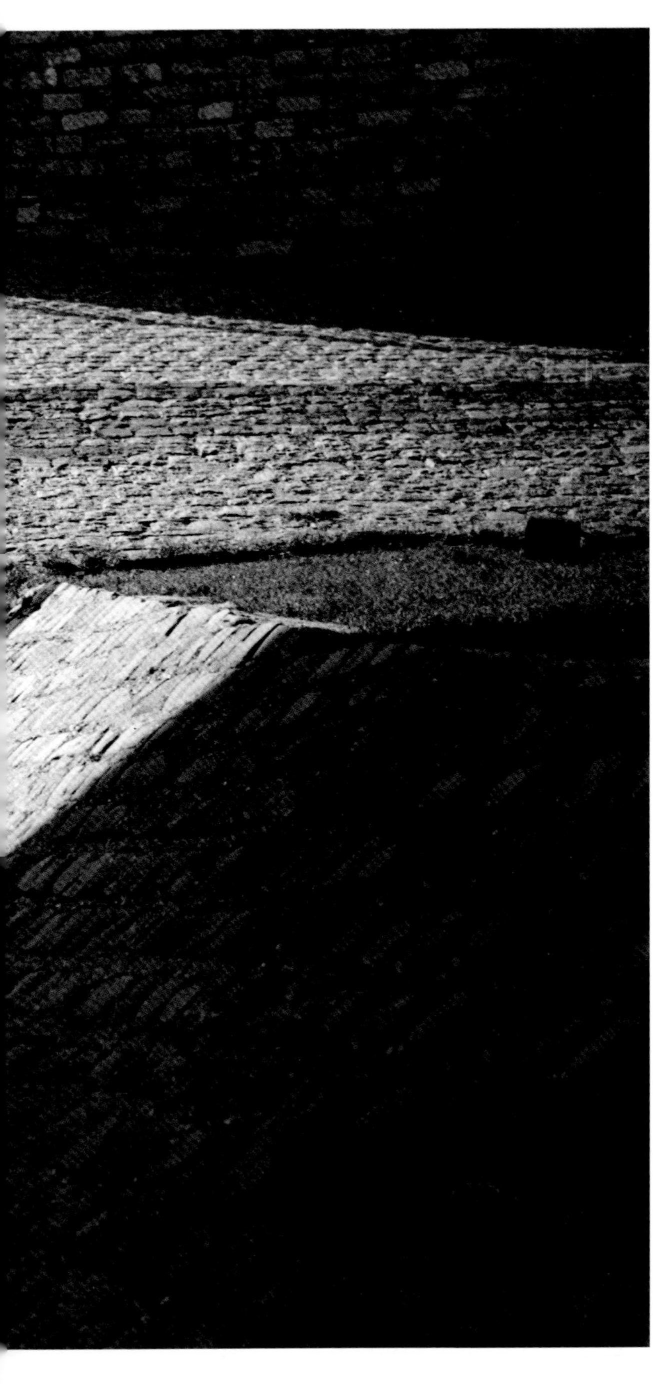

Escalier de Montmartre
au petit chien blanc, 1932
Montmartre staircase
with a little white dog

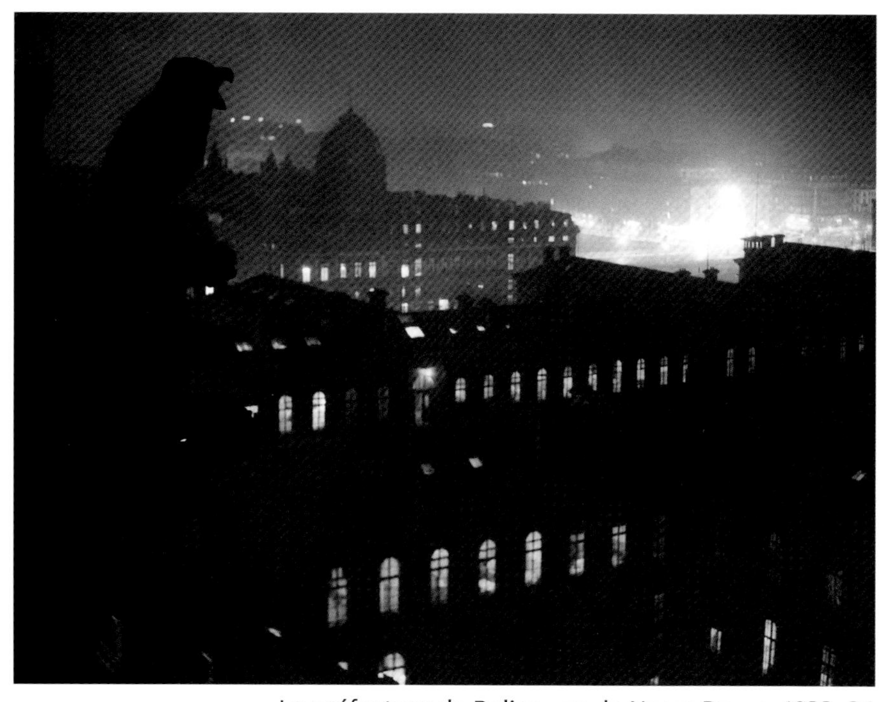

La préfecture de Police vue de Notre-Dame, 1933–34
Préfecture de Police seen from Notre-Dame

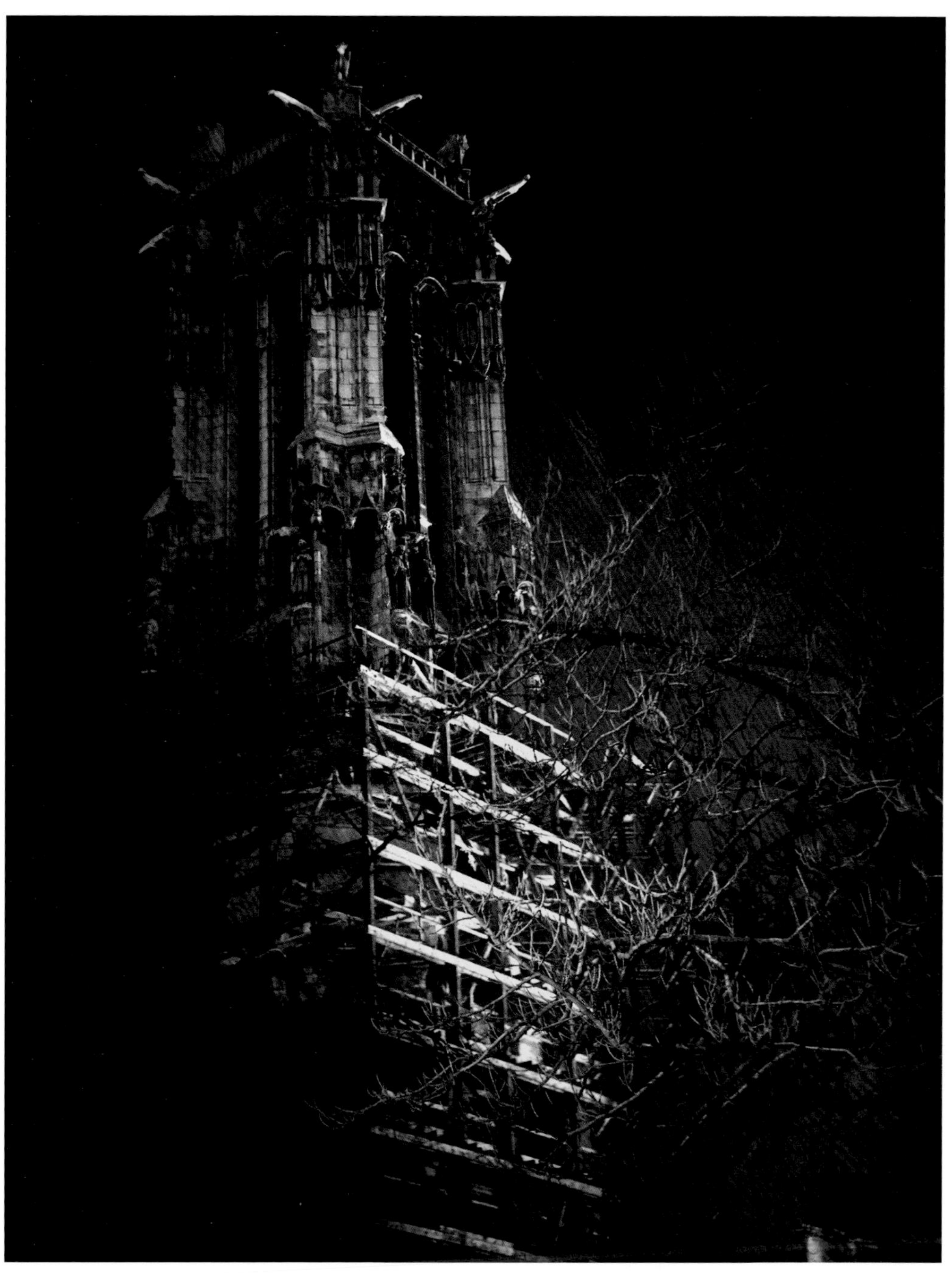

Tour Saint-Jacques, 1931–32

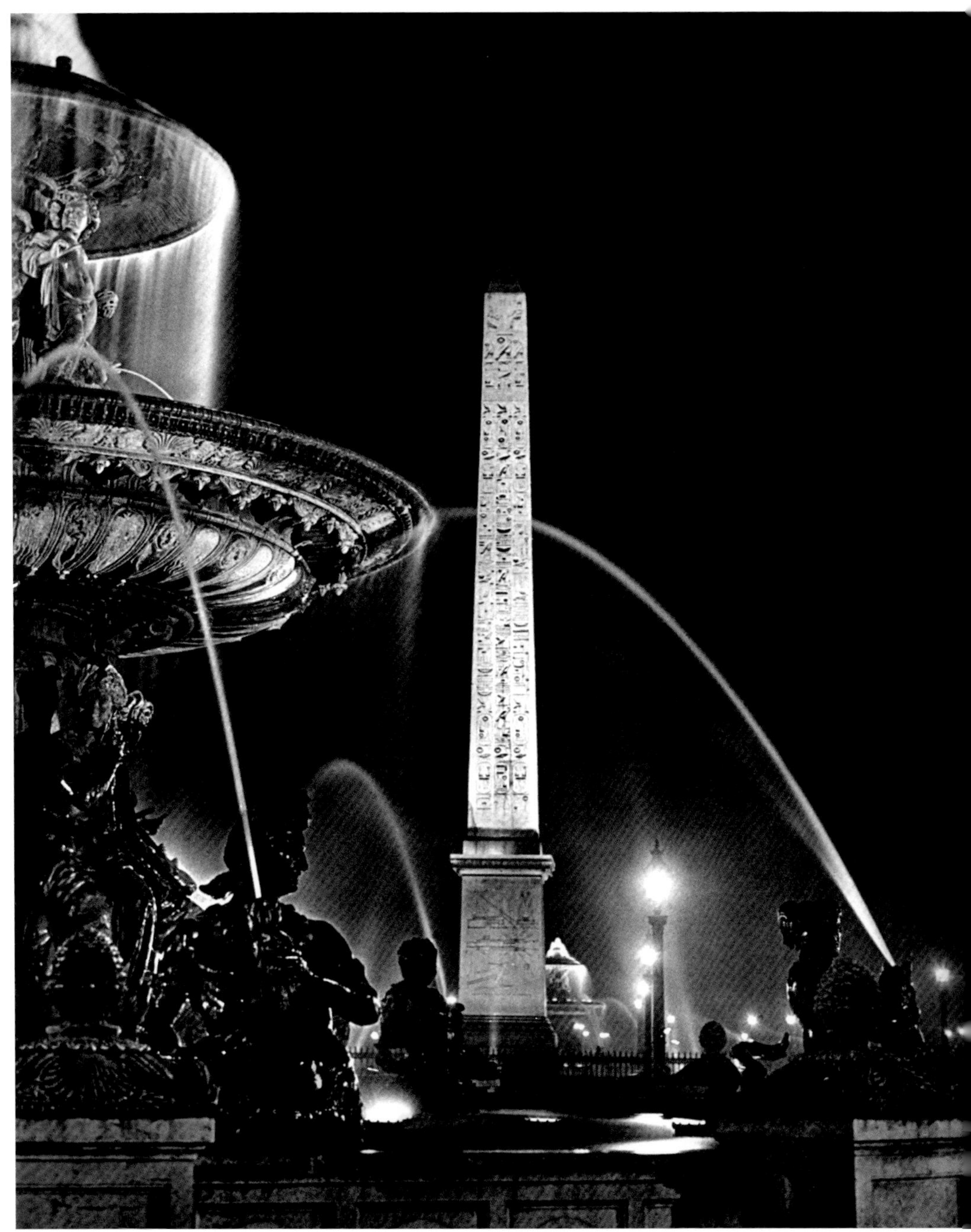

Place de la Concorde, 1931–32

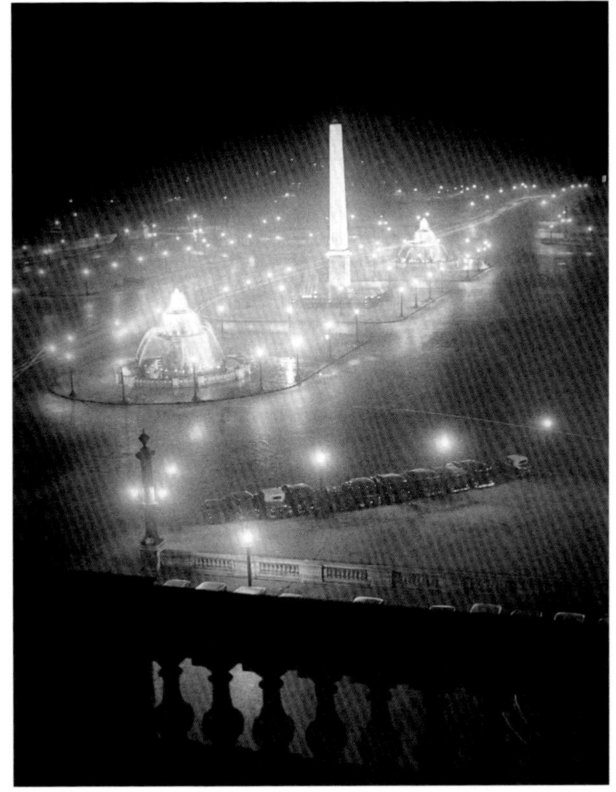

La Concorde vue de la terrasse de l'hôtel Crillon, 1930–32
Place de la Concorde seen from the terrace of the Hôtel Crillon

L'Arc de triomphe vu de l'avenue Foch, 1931–32
The Arc de Triomphe seen from Avenue Foch

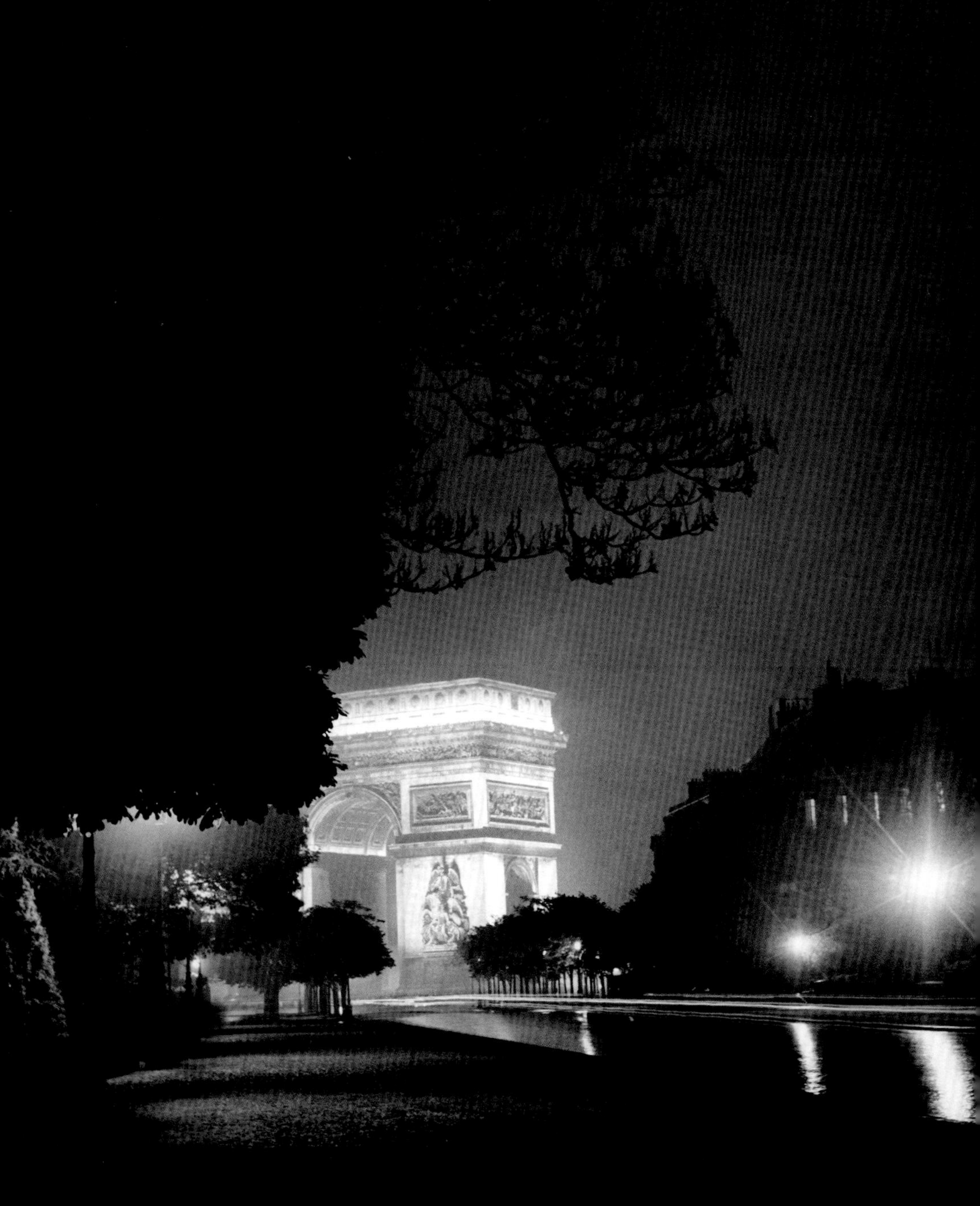

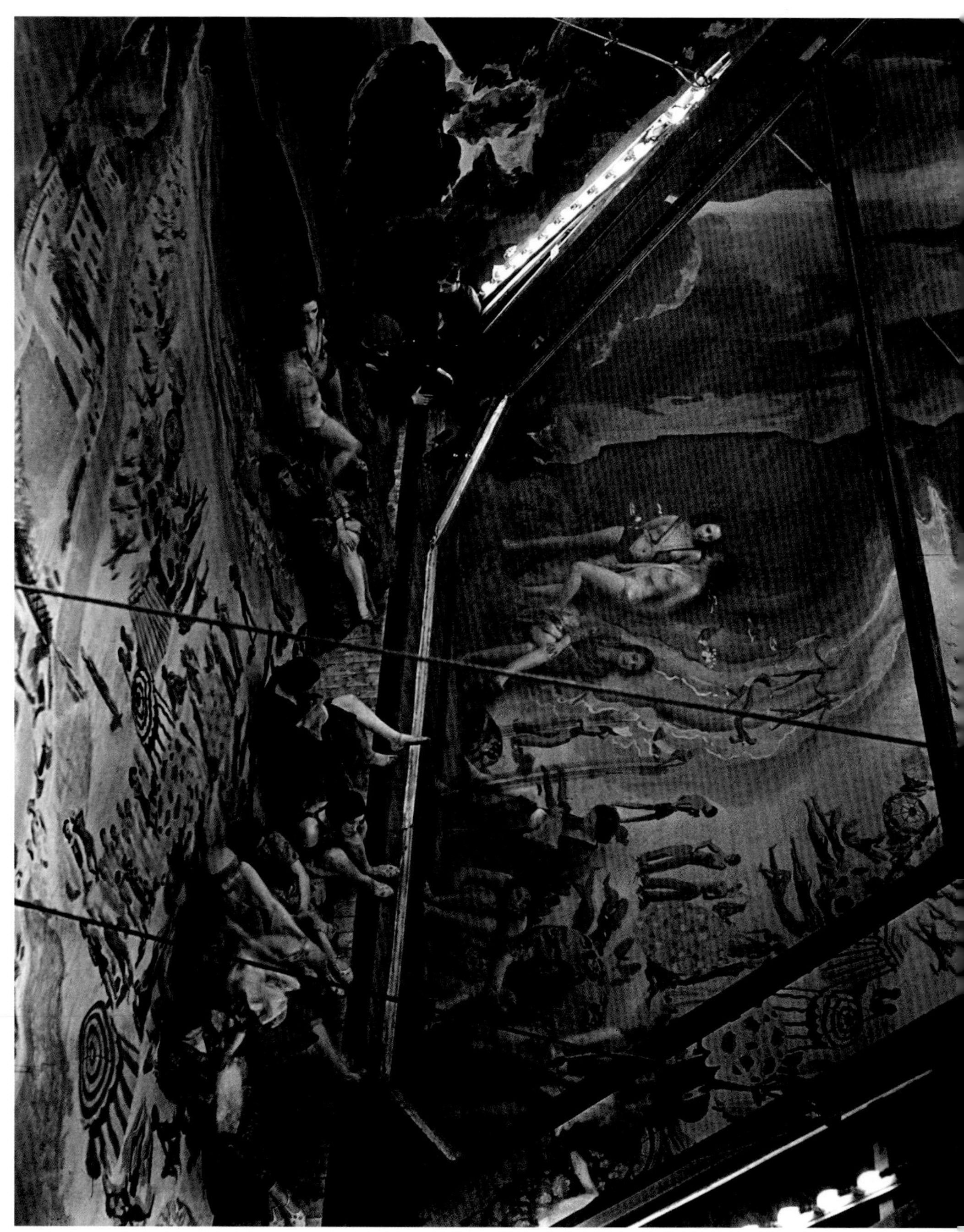

Arrière-scène des Folies Bergère, c. 1932 / Backstage at the Folies Bergère

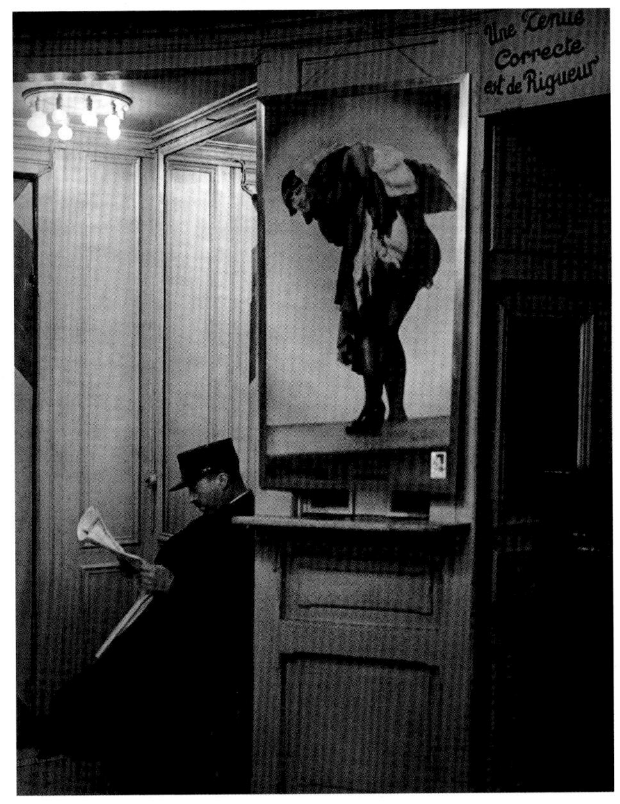

« Tenue correcte » au Tabarin, 1932
"Smart dress code" at the Bal Tabarin cabaret

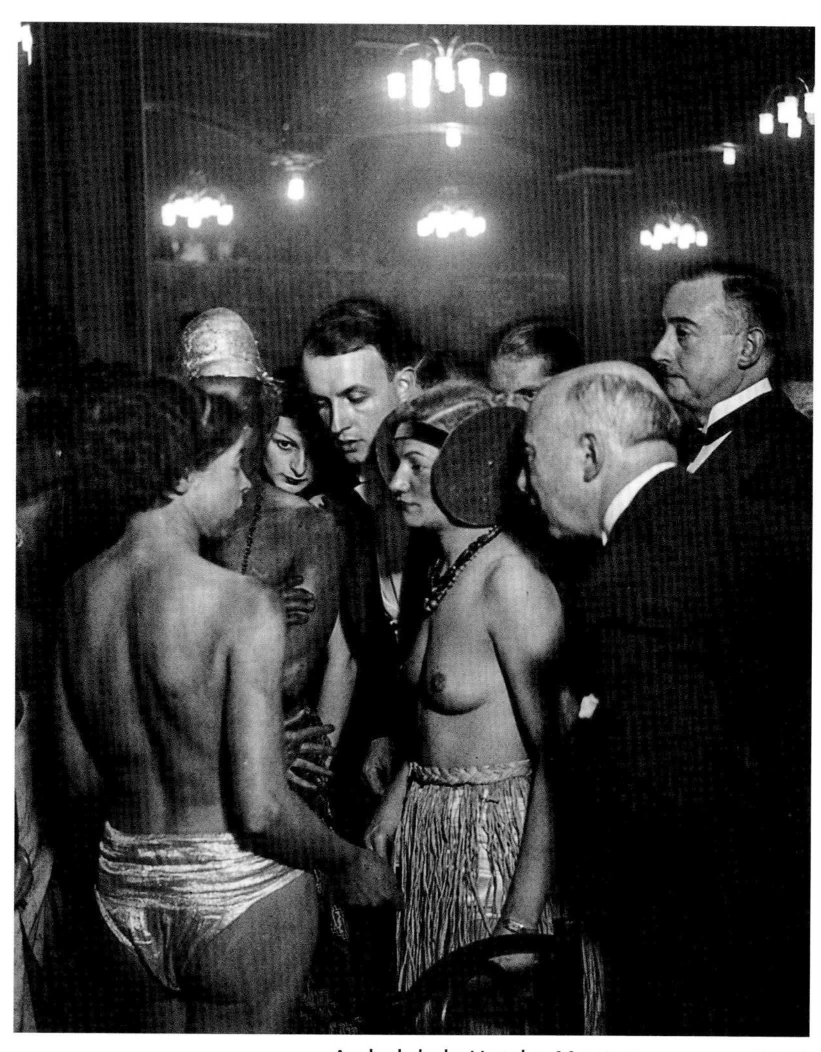

Au bal de la Horde, Montparnasse, c. 1932
At the Bal de la Horde, Montparnasse

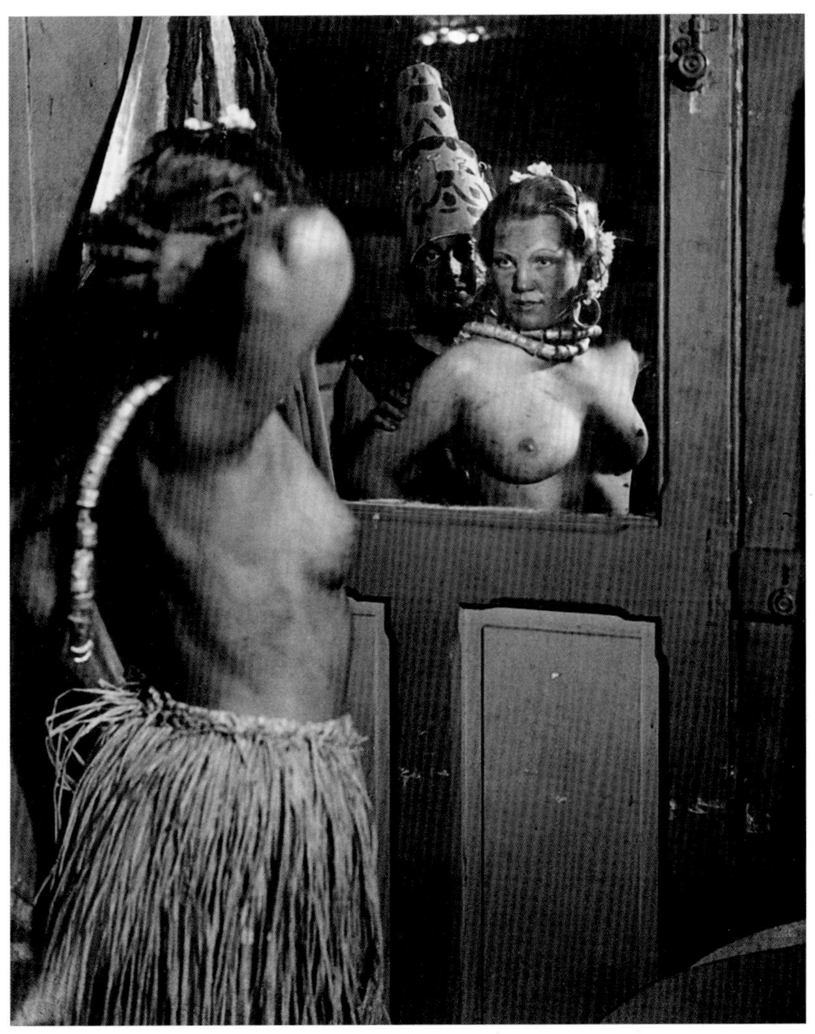

Bal des Quat'z'Arts, 1932

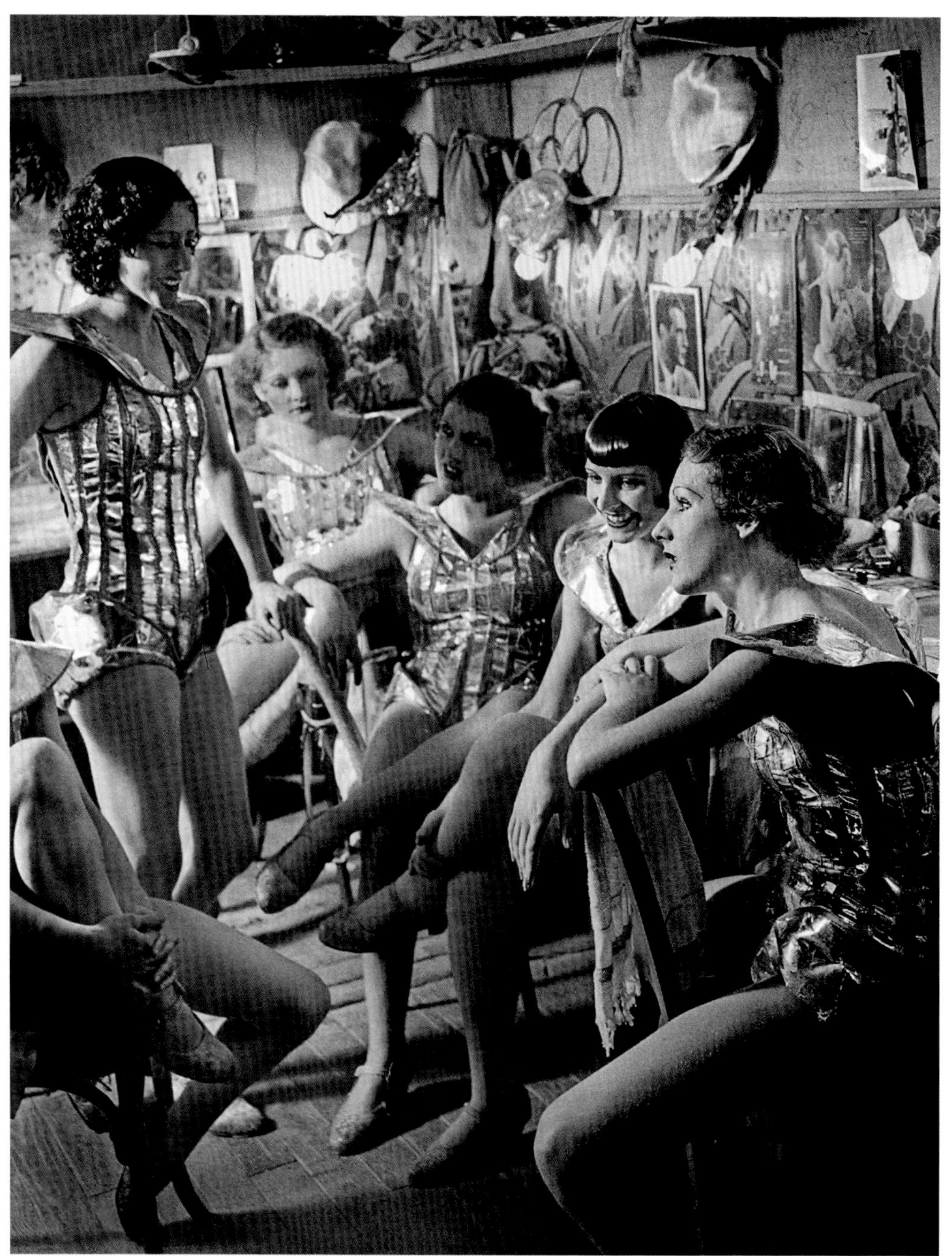

Loges des Folies Bergère, 1932 / Dressing room at the Folies Bergère

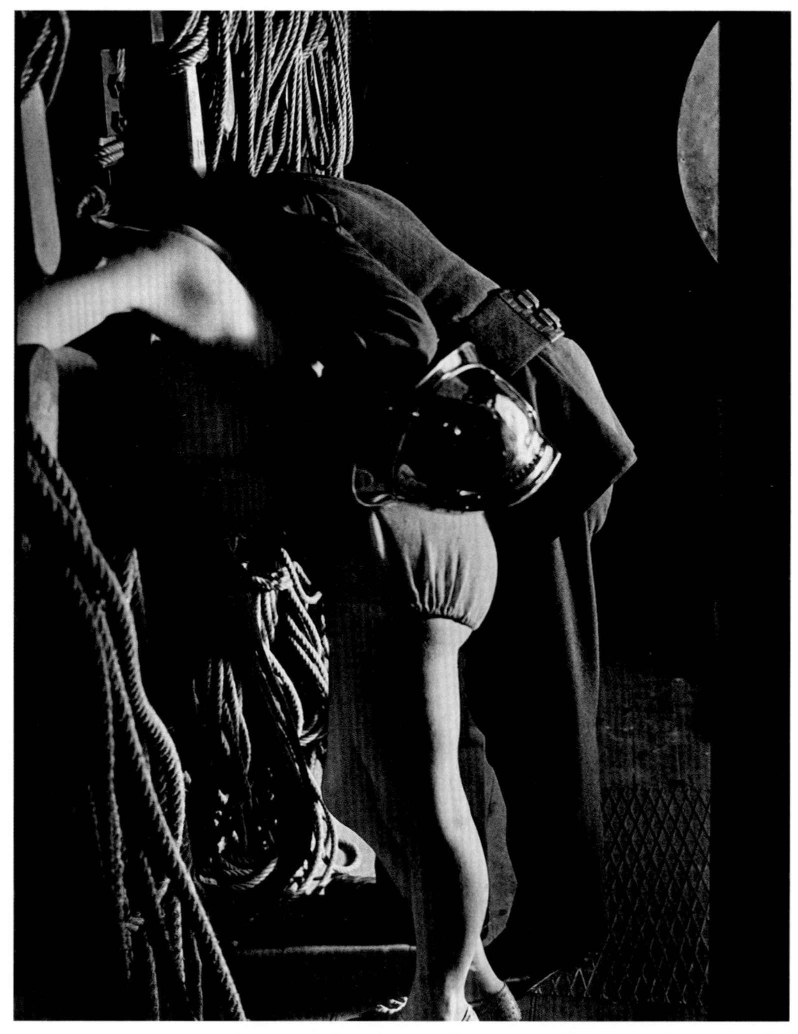

Le pompier de service aux Folies Bergère, c. 1932
Resident firefighter at the Folies Bergère

▸ Un abonné de l'Opéra, 1937
An opera subscriber

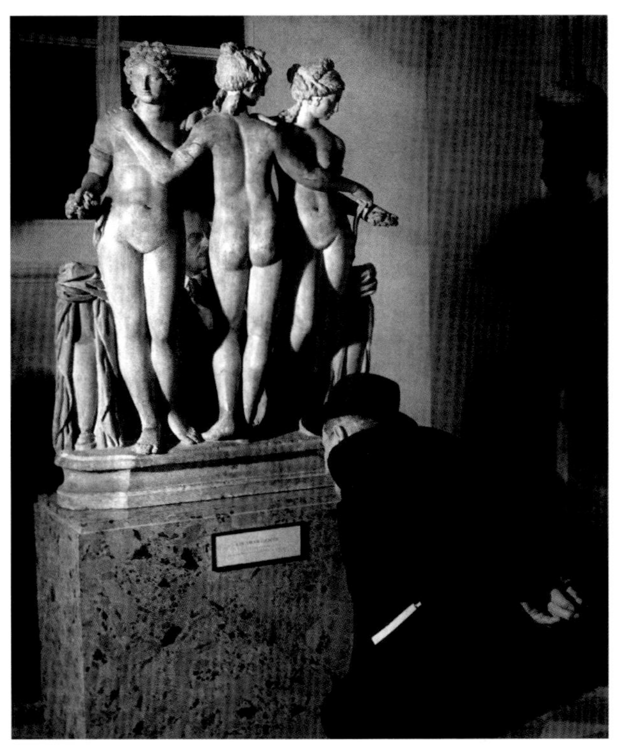

Les Trois Grâces du Louvre, 1936
The Three Graces in the Louvre

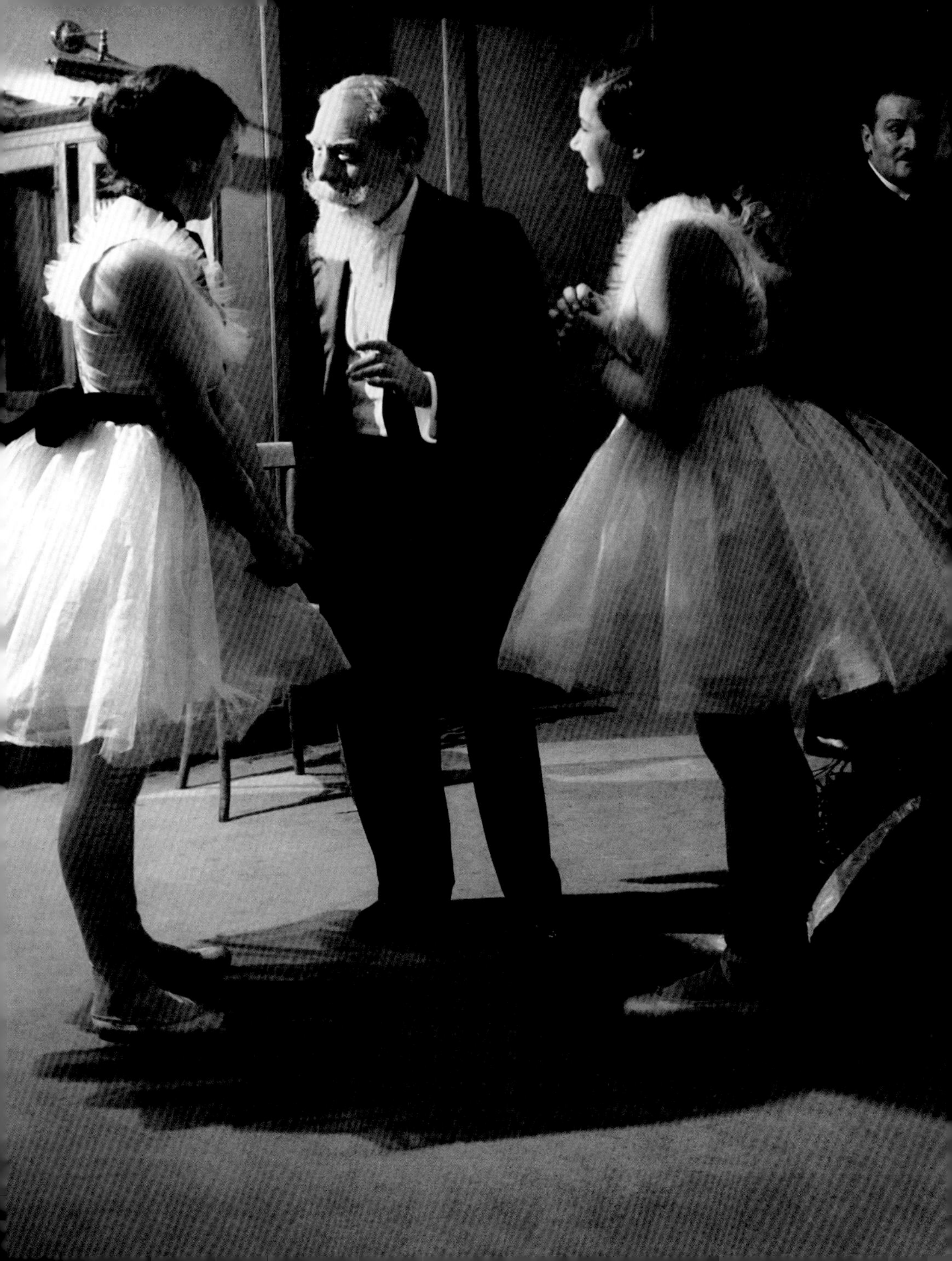

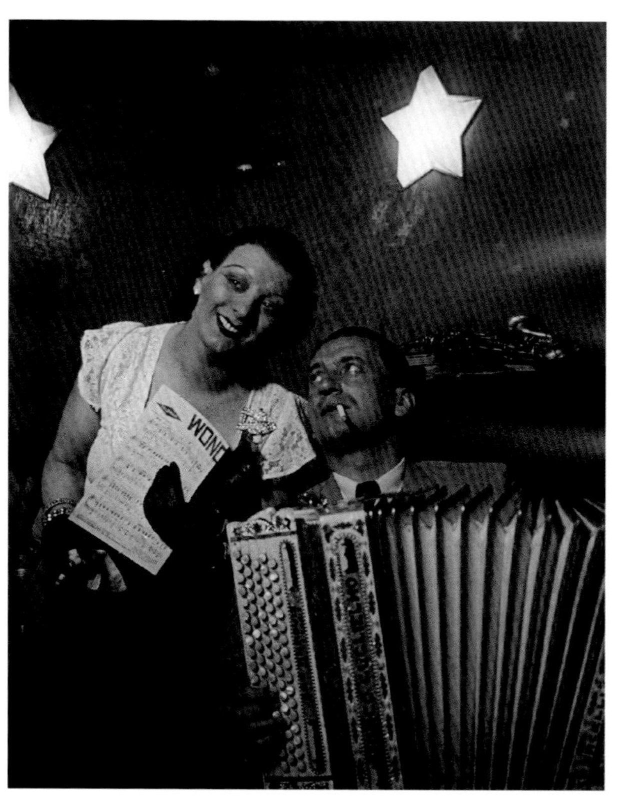

Kiki de Montparnasse, 1933

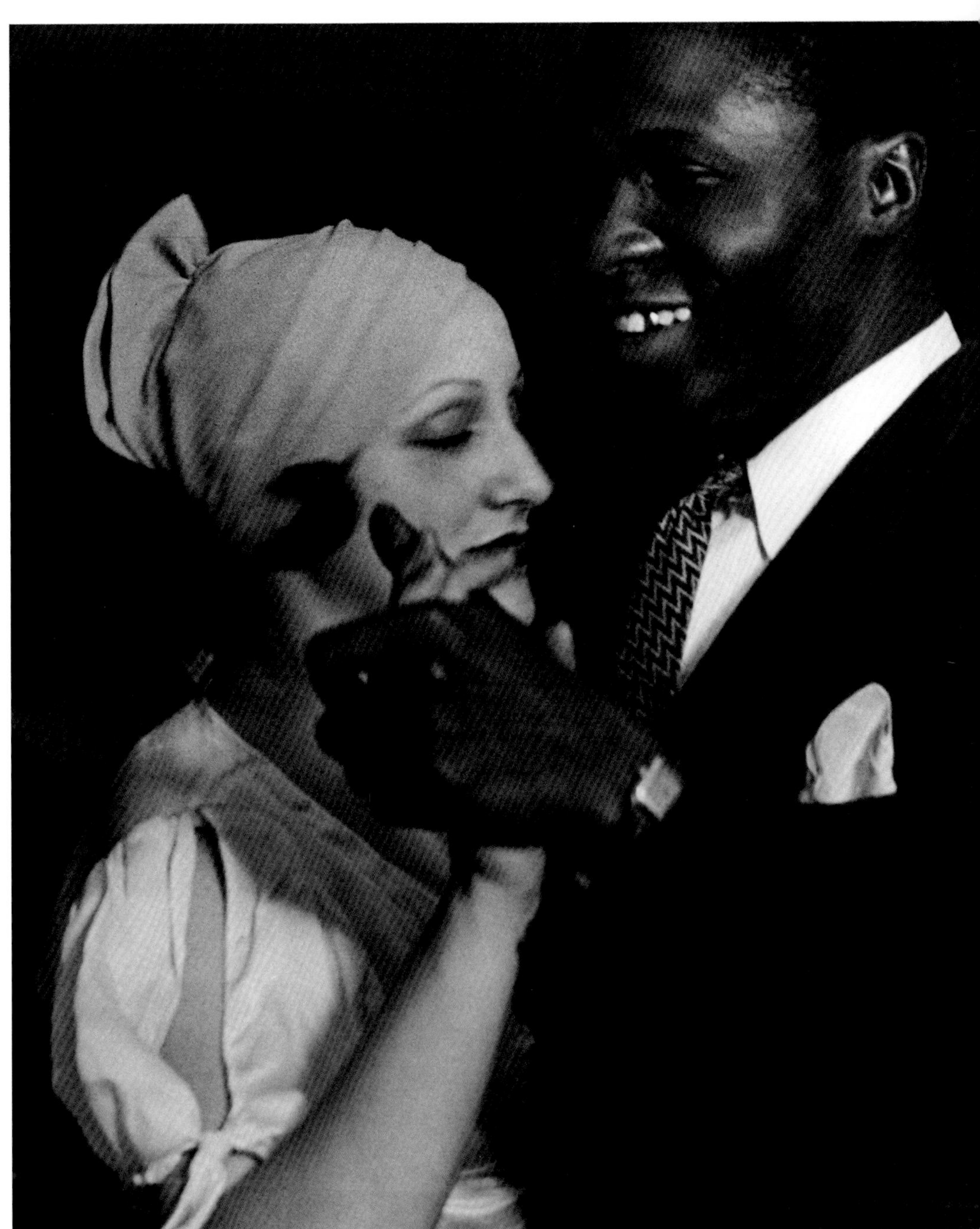

Couple au Bal nègre, rue Blomet, c. 1932 / Couple at the Bal Nègre, Rue Blomet

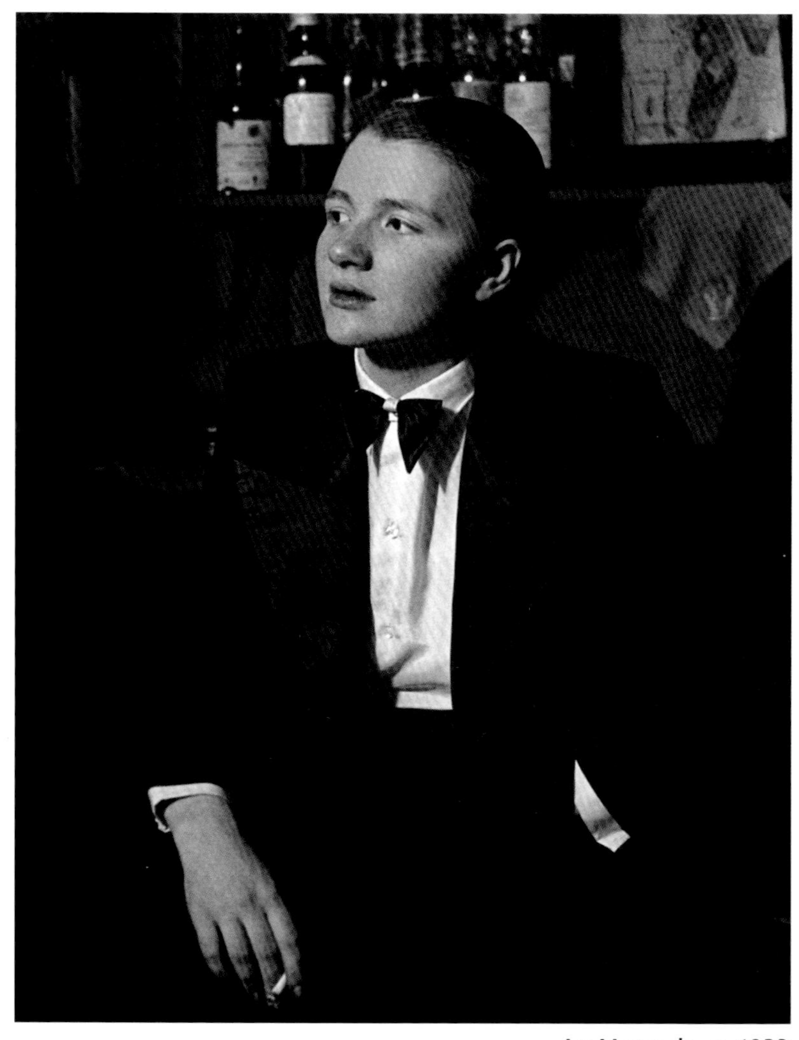

Au Monocle, c. 1932
At Le Monocle

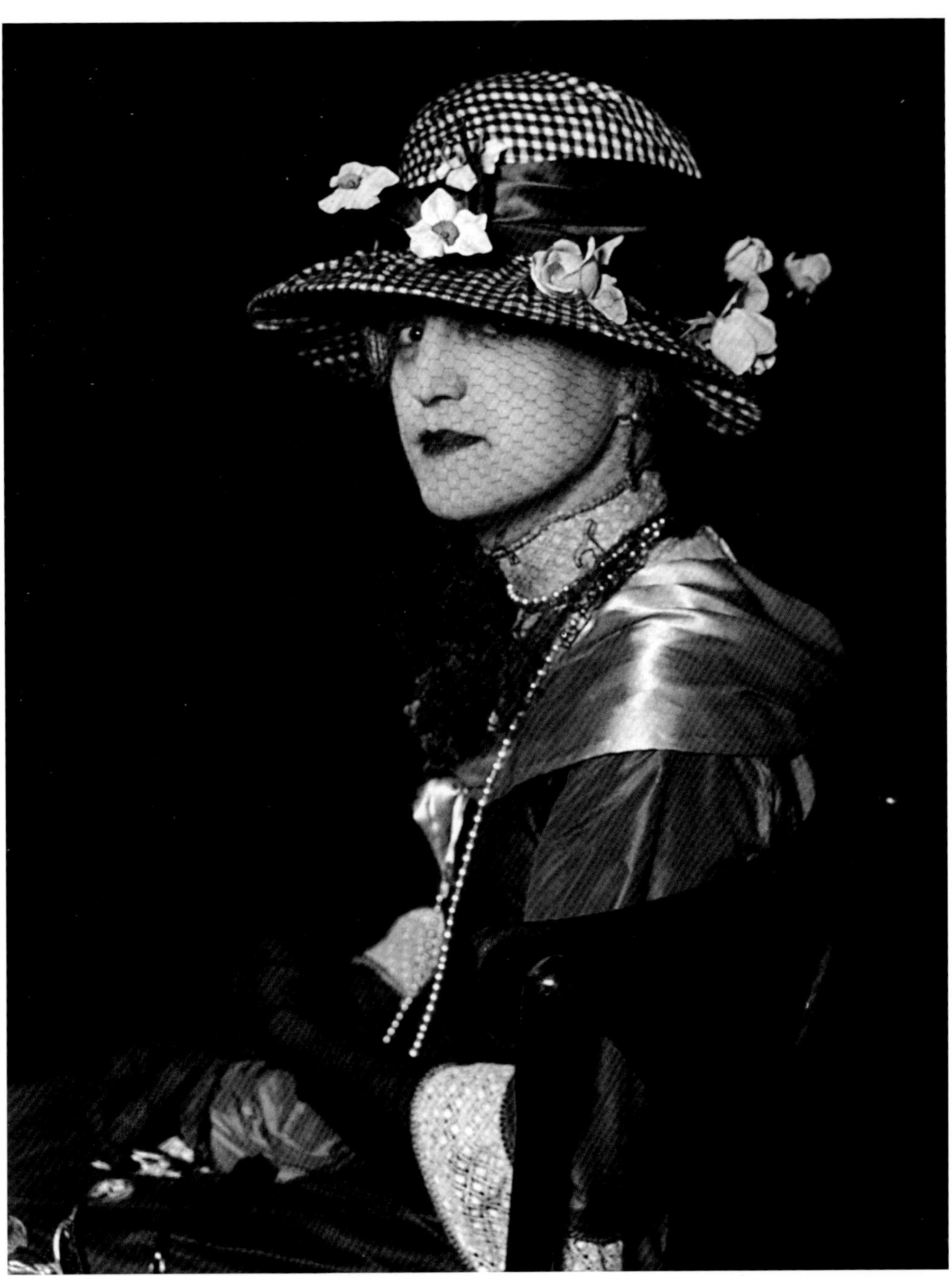

Duchesse de Zoé, 1932

▸
Un costume pour deux, bal Magic City, 1931
One suit for two at the Bal Magic City

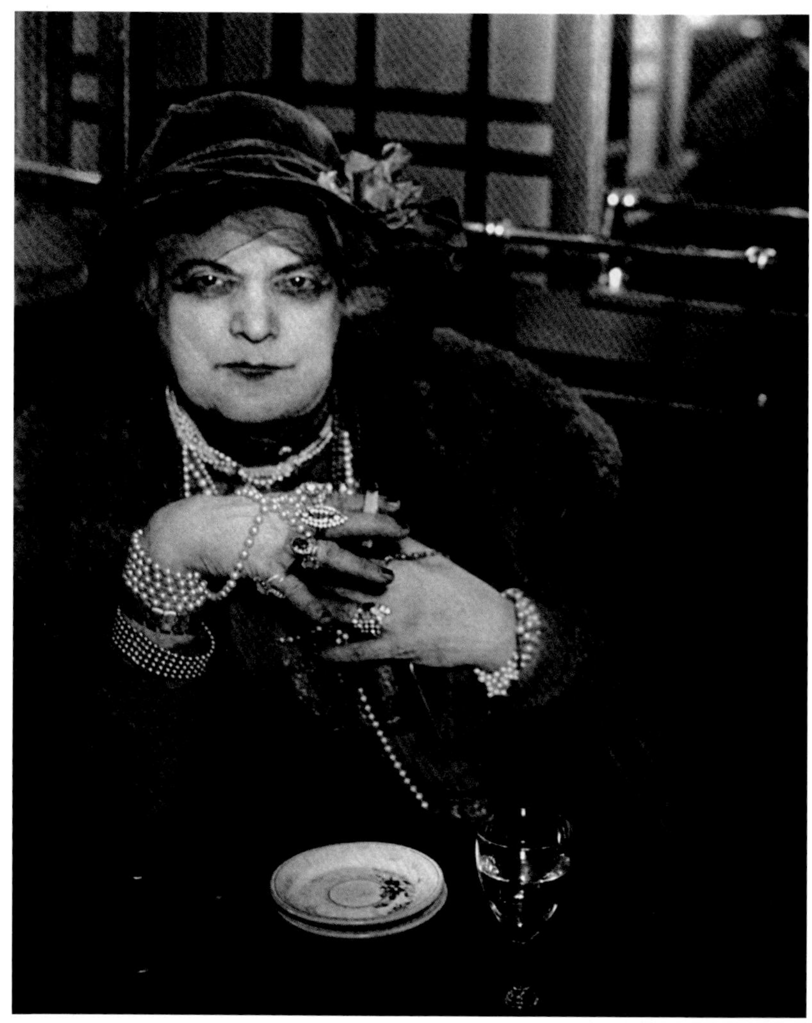

La Môme Bijou au Bar de la Lune, Montmartre, 1932
Môme Bijou at the Bar de la Lune, Montmartre

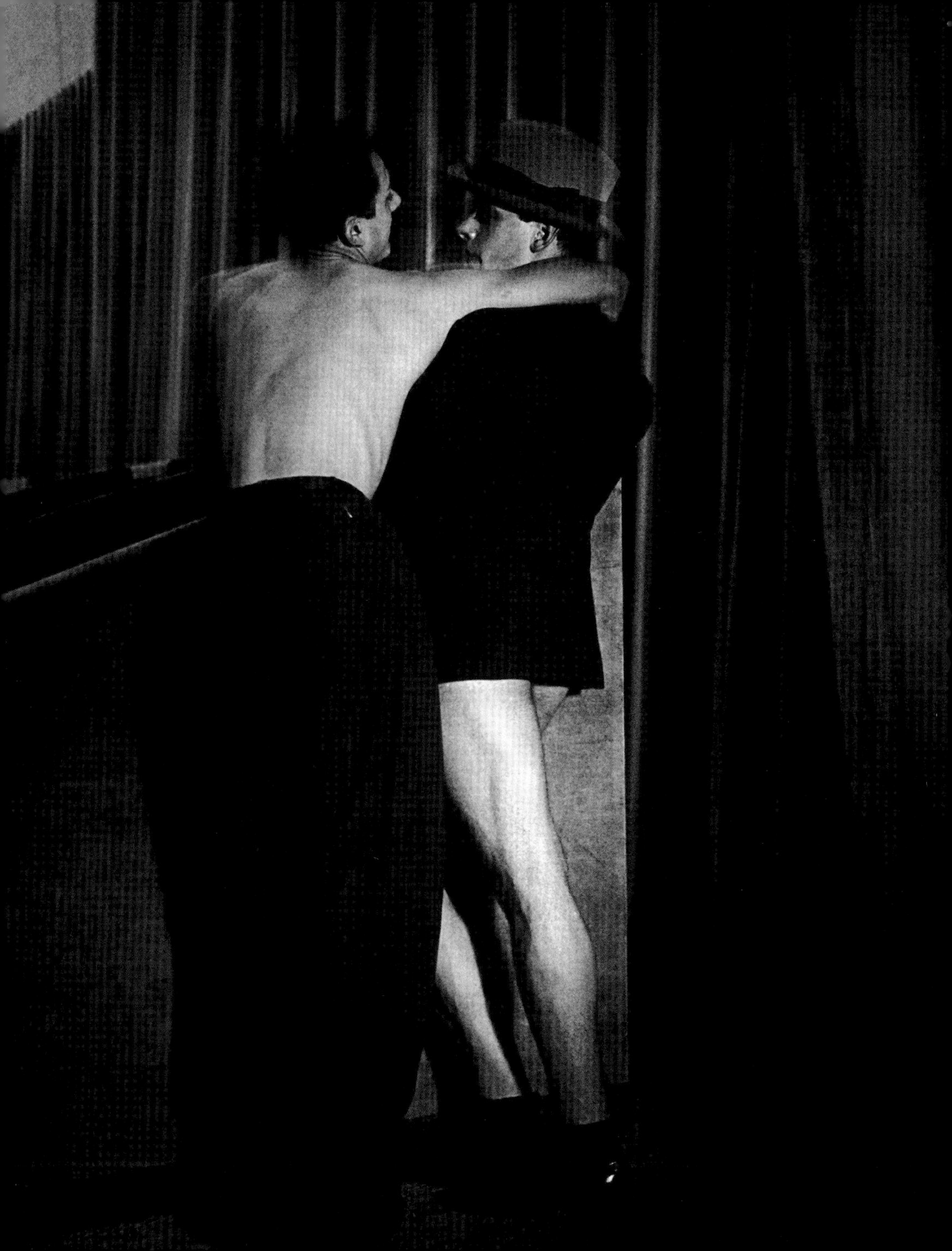

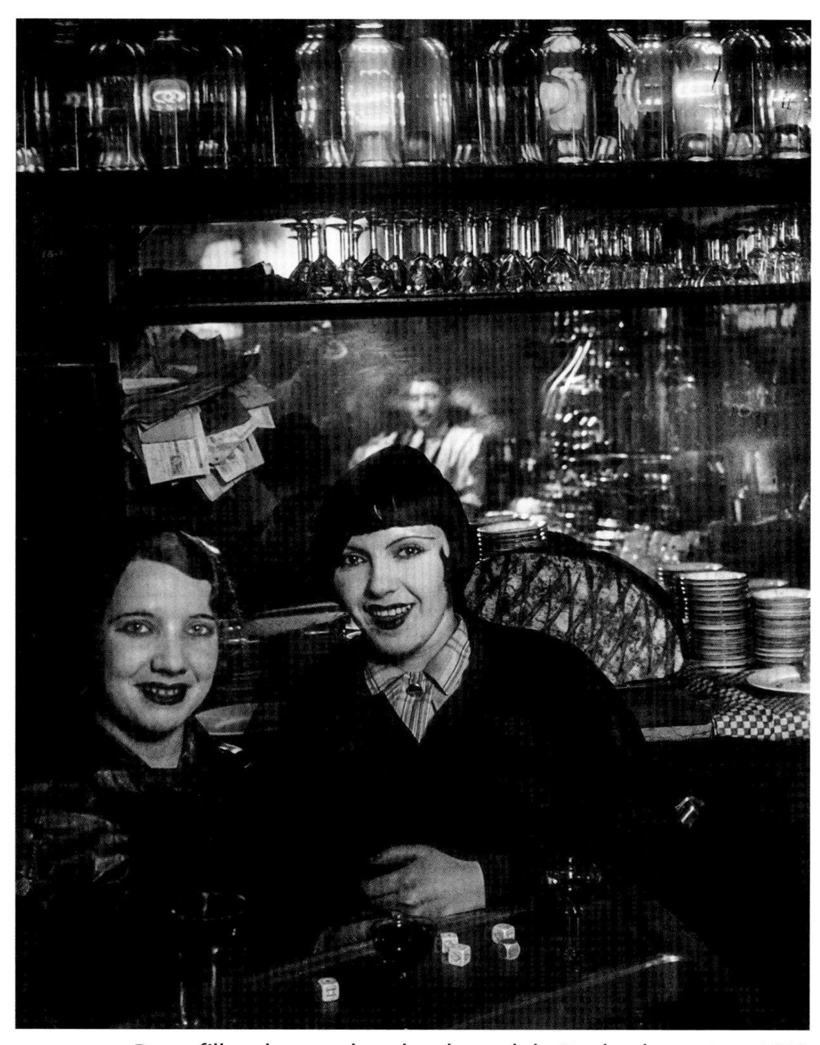

Deux filles dans un bar, boulevard de Rochechouart, c. 1932
Two girls in a bar on Boulevard Rochechouart

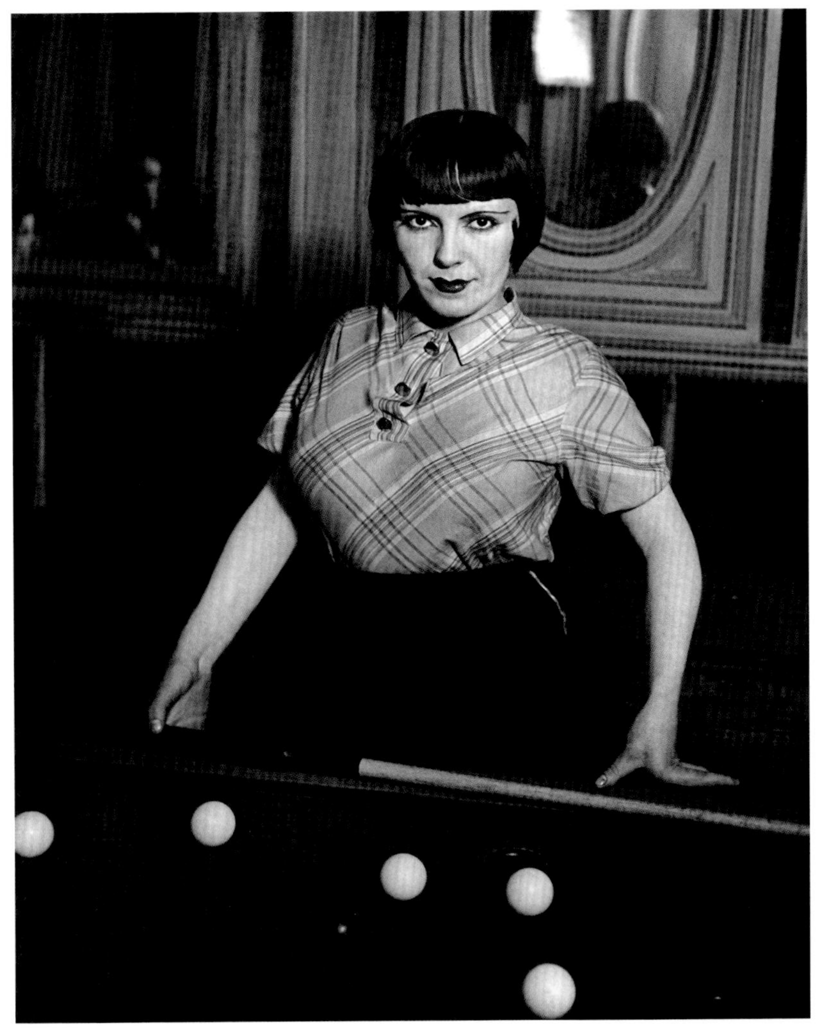

La fille au billard, 1932
Girl at a billiard table

Couple d'amoureux dans un petit café parisien, 1932–33
Lovers in a small Parisian café

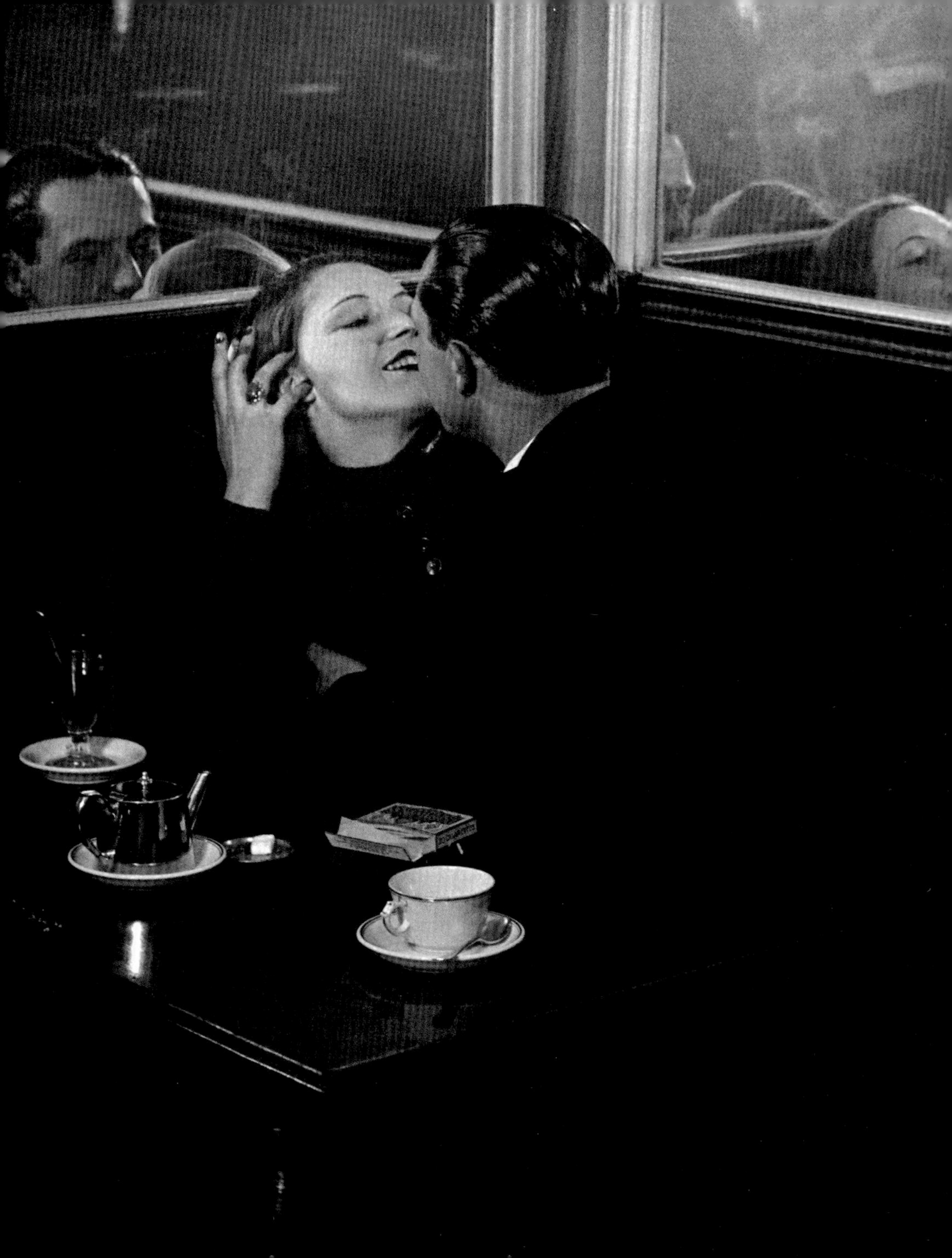

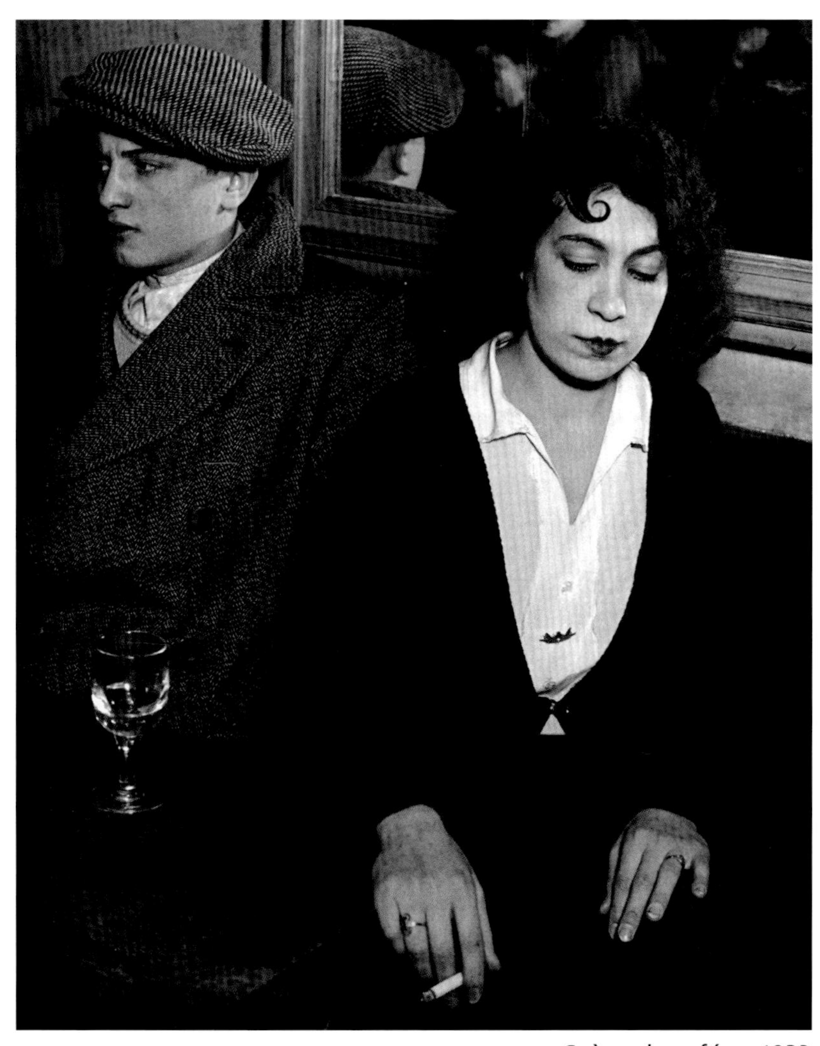

Scène de café, c. 1932
Café scene

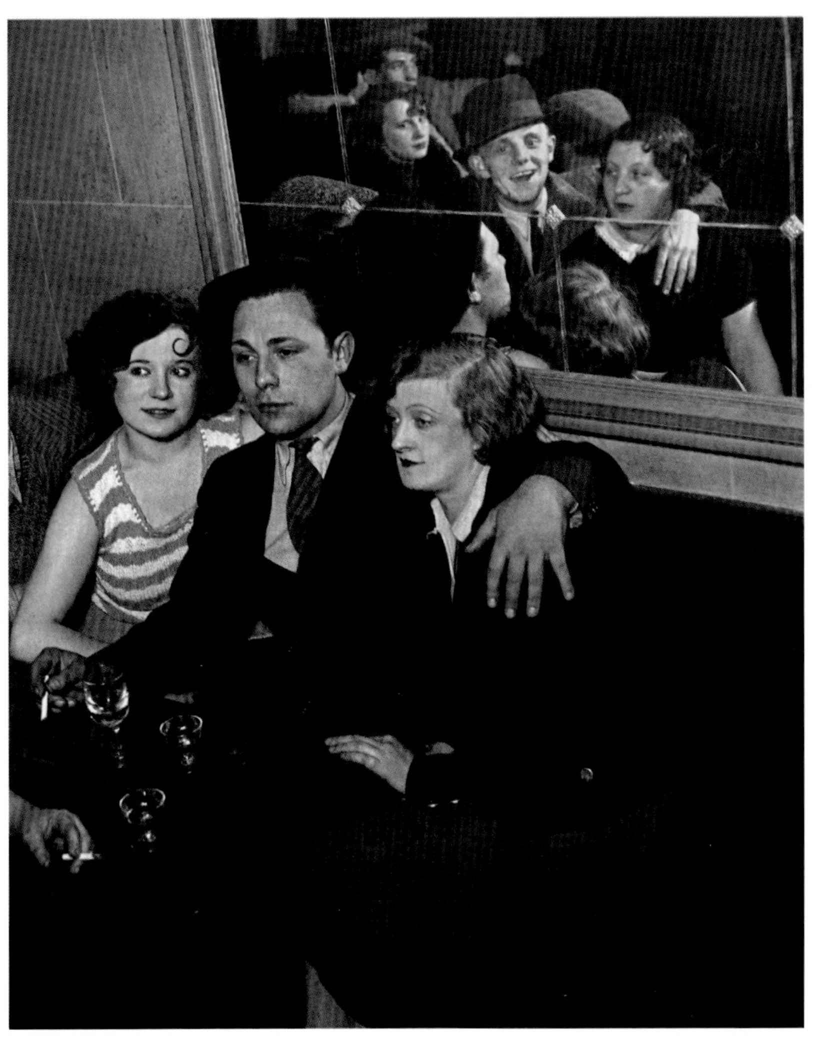

Le Groupe joyeux, 1931–32
The Merry Band

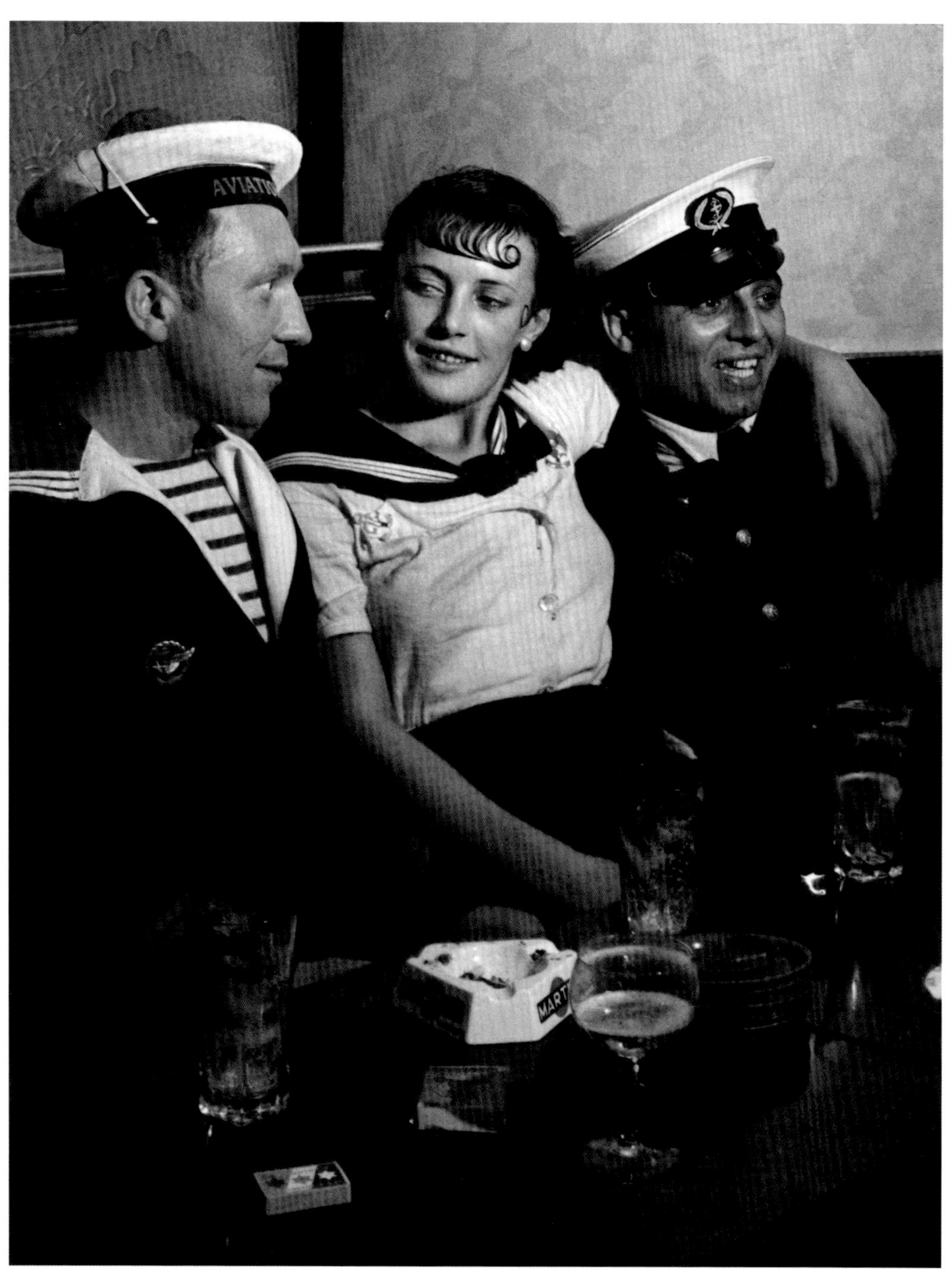

Conchita avec les marins, place d'Italie, c. 1933 / Conchita with two sailors, Place d'Italie

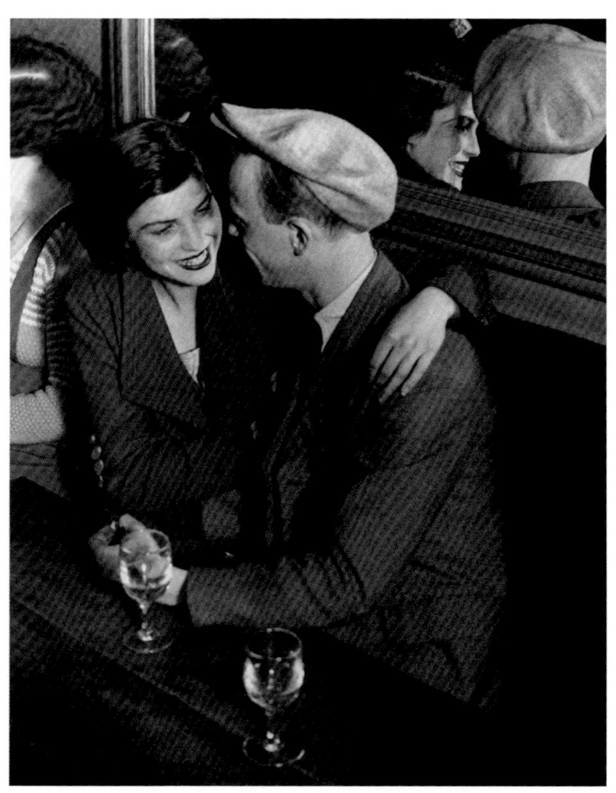

Couple au bal musette des Quatre Saisons, c. 1932
Couple at the Quatre Saisons *bal musette*

▸
Le Baiser, 1932
The Kiss

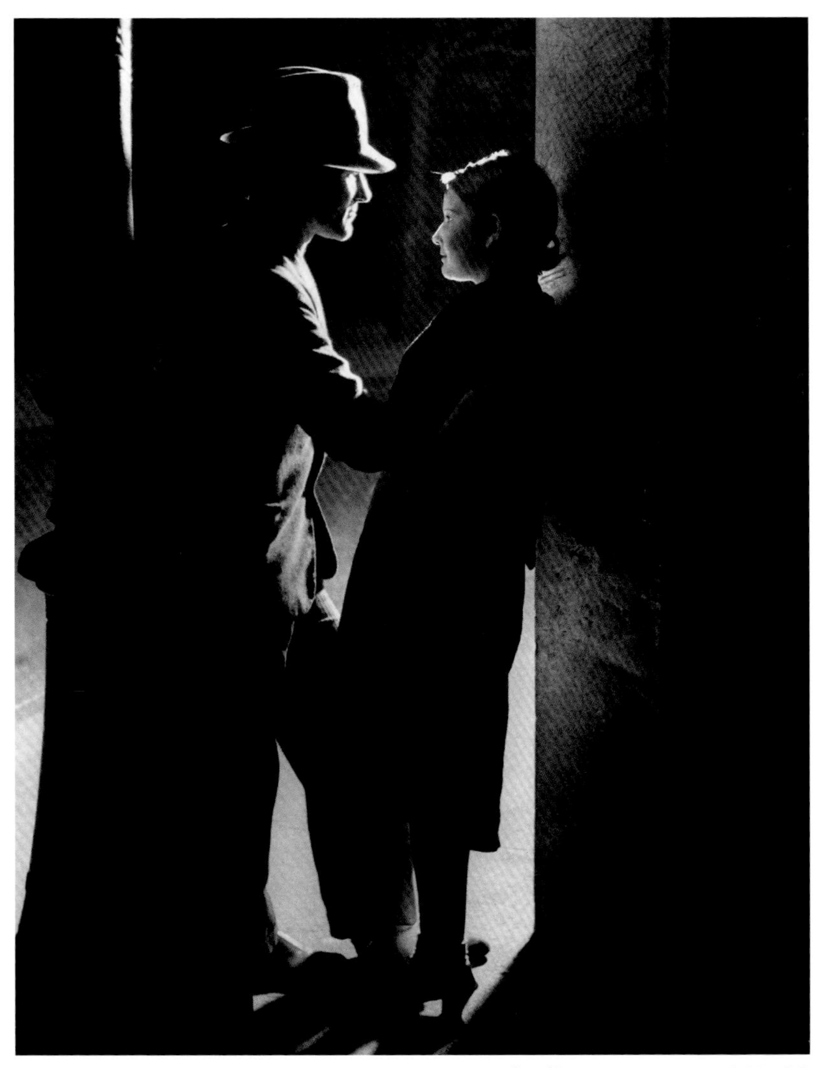

Couple d'amoureux, c. 1932–33
Lovers

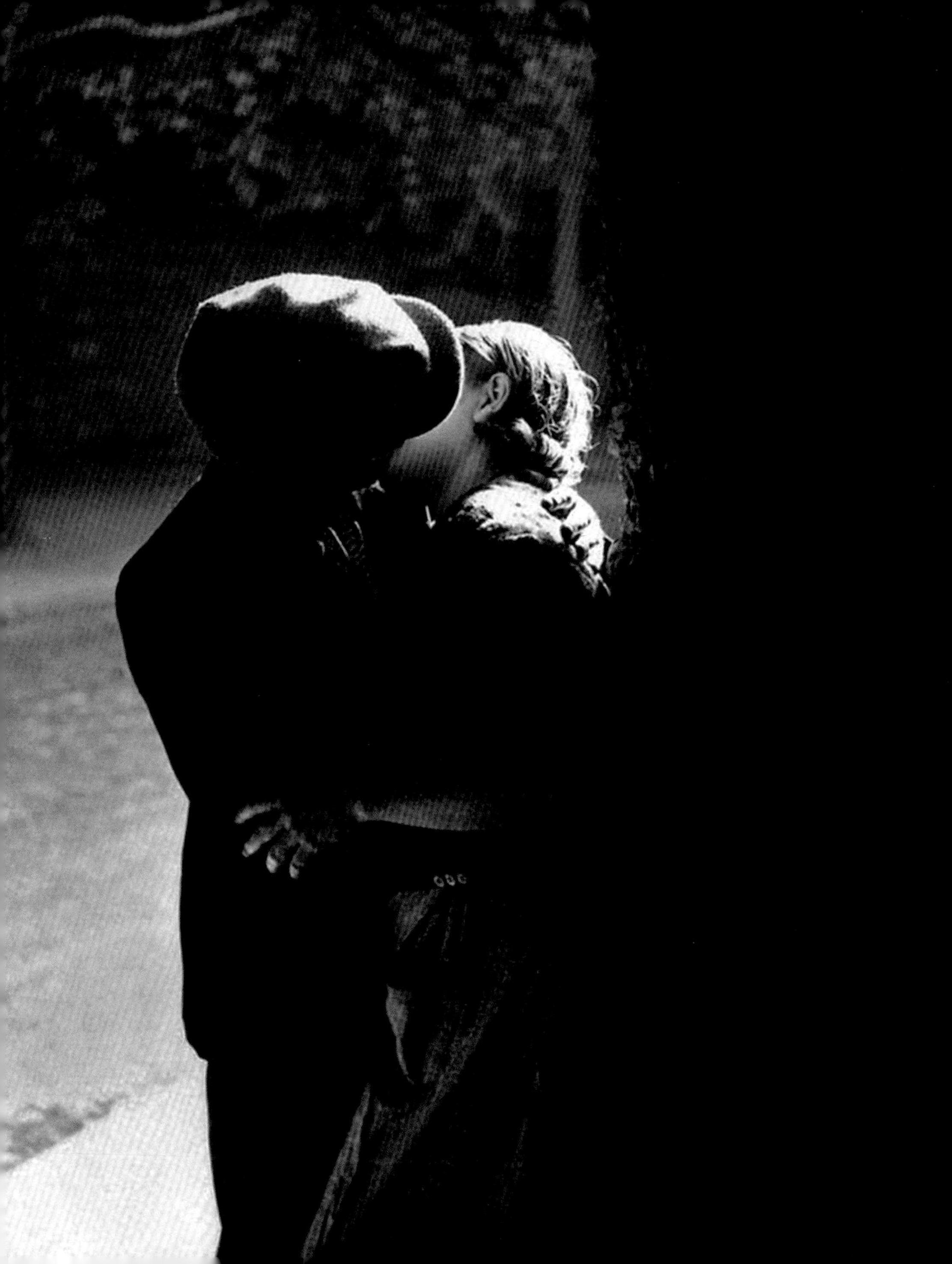

Deux amoureux enlacés sur un banc des Tuileries, 1930–32
Two lovers kissing on a bench in the Tuileries Gardens

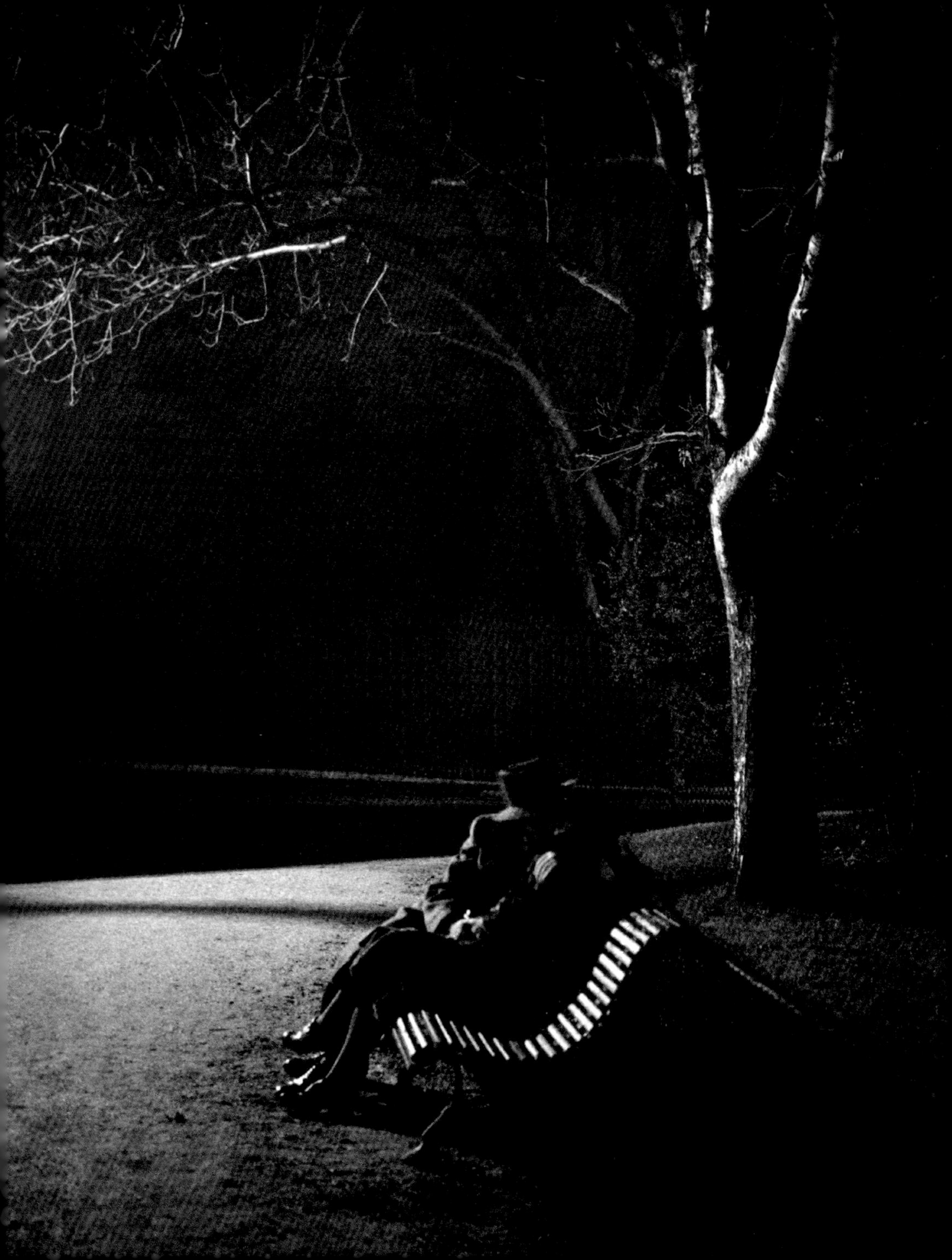

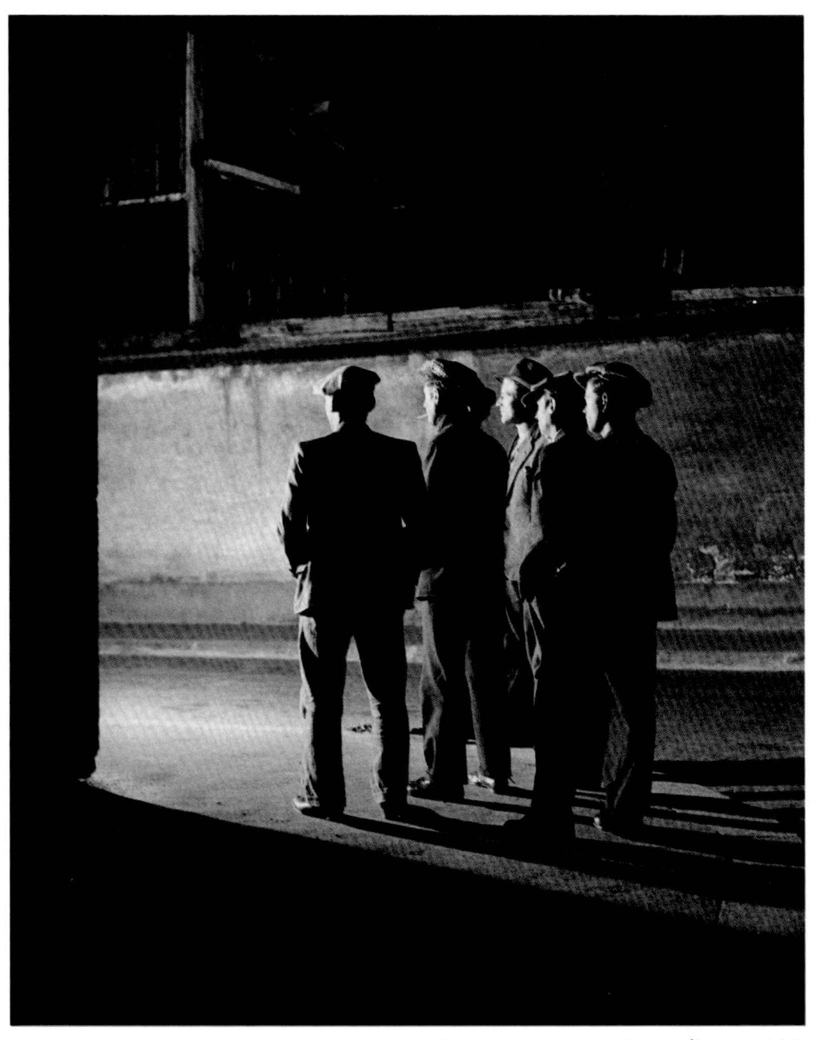

Mauvais garçons, quartier Italie, c. 1932
Bad Boys in the Quartier Italie

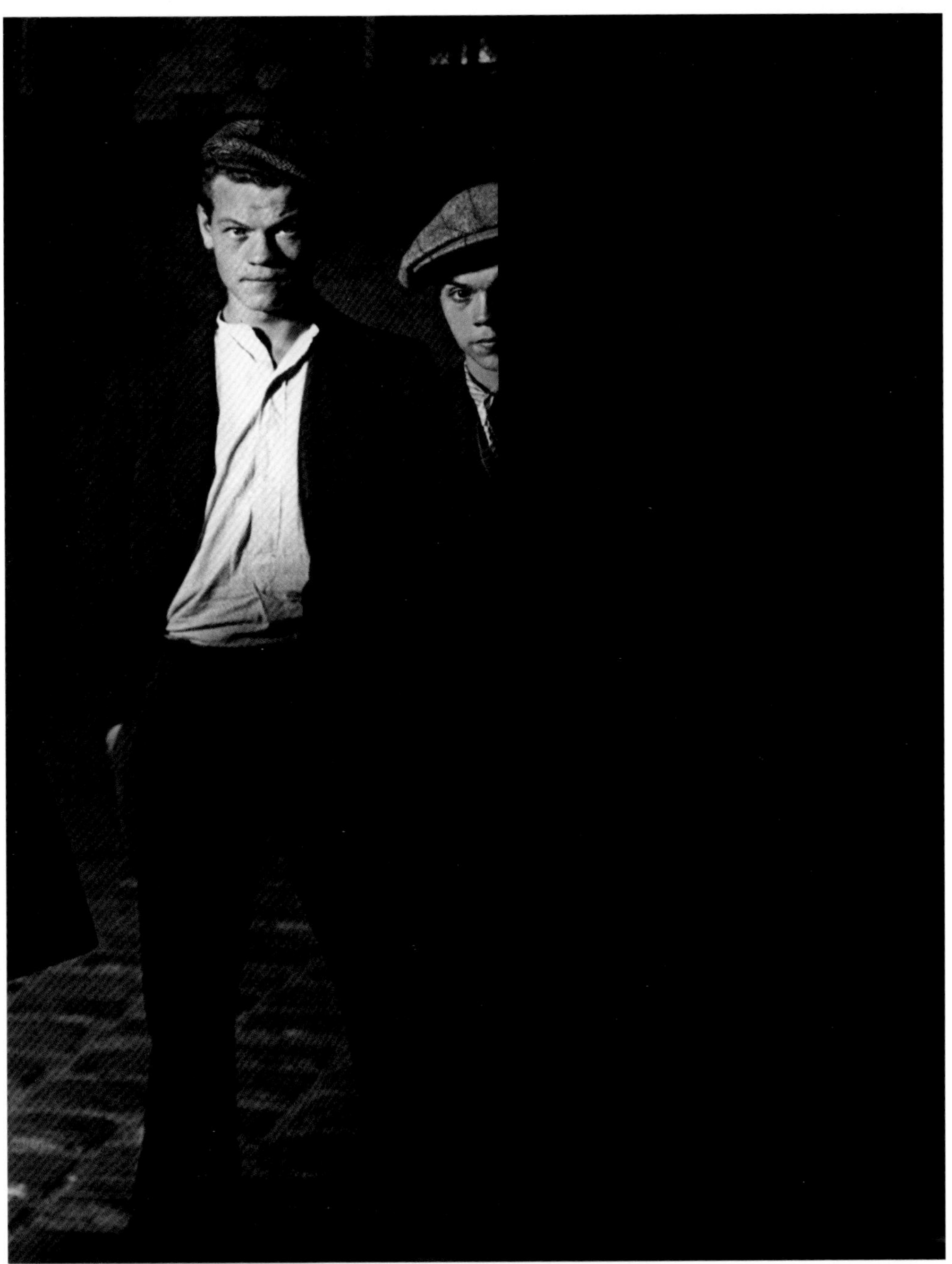

Deux voyous de la bande du Grand Albert, c. 1932 / Two thugs from Big Albert's gang

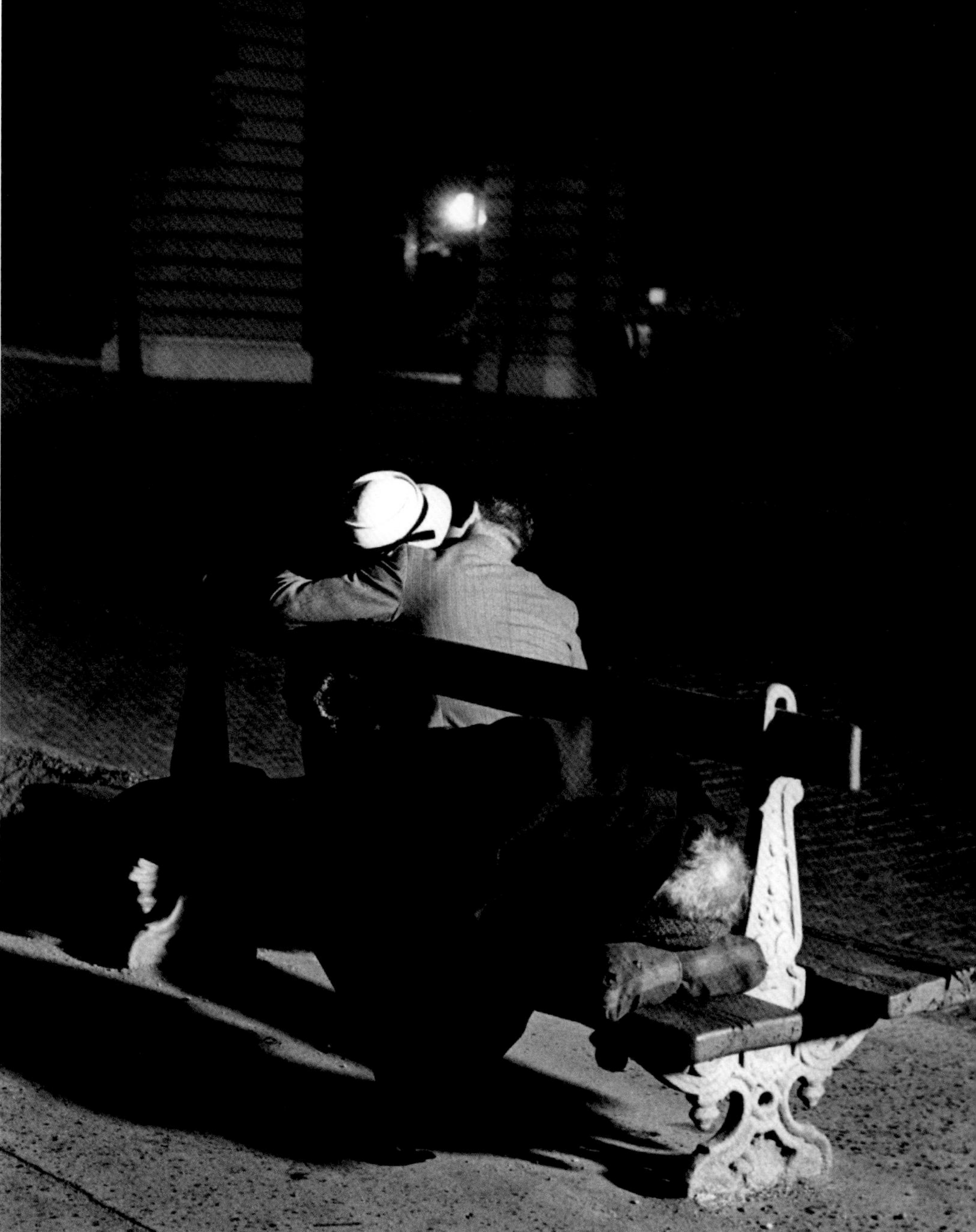

◀
Couple d'amoureux et un clochard, boulevard Saint-Jacques, 1931–32
Two lovers and a tramp on Boulevard Saint-Jacques

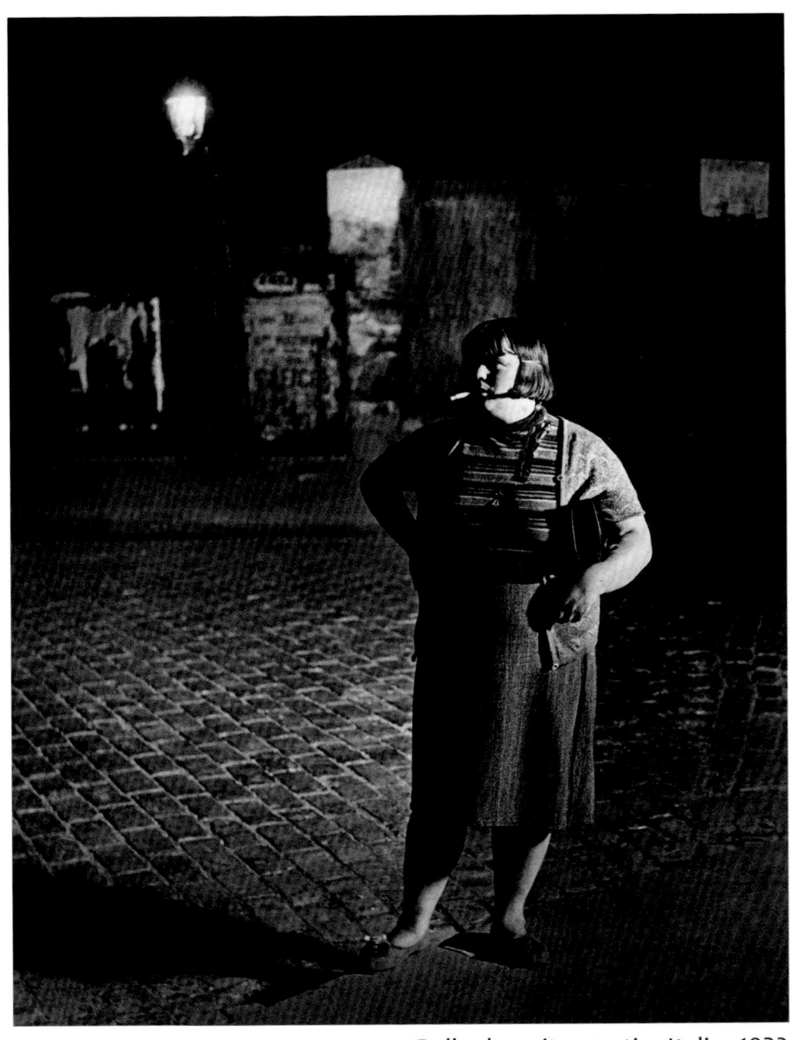

Belle de nuit, quartier Italie, 1932
Streetwalker in the Quartier Italie

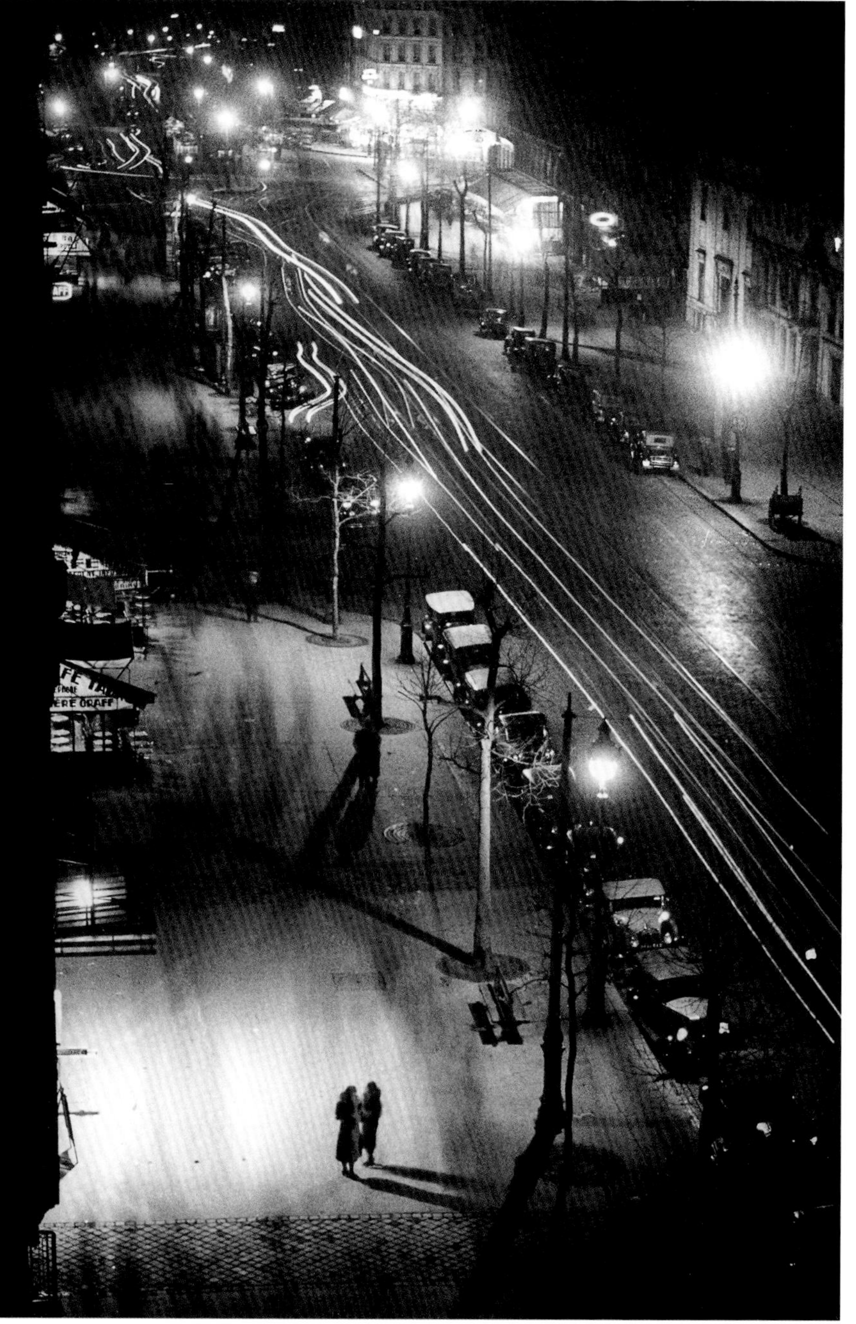

◂
Deux filles faisant le trottoir, boulevard Montparnasse, 1932
Two prostitutes soliciting on Boulevard Montparnasse

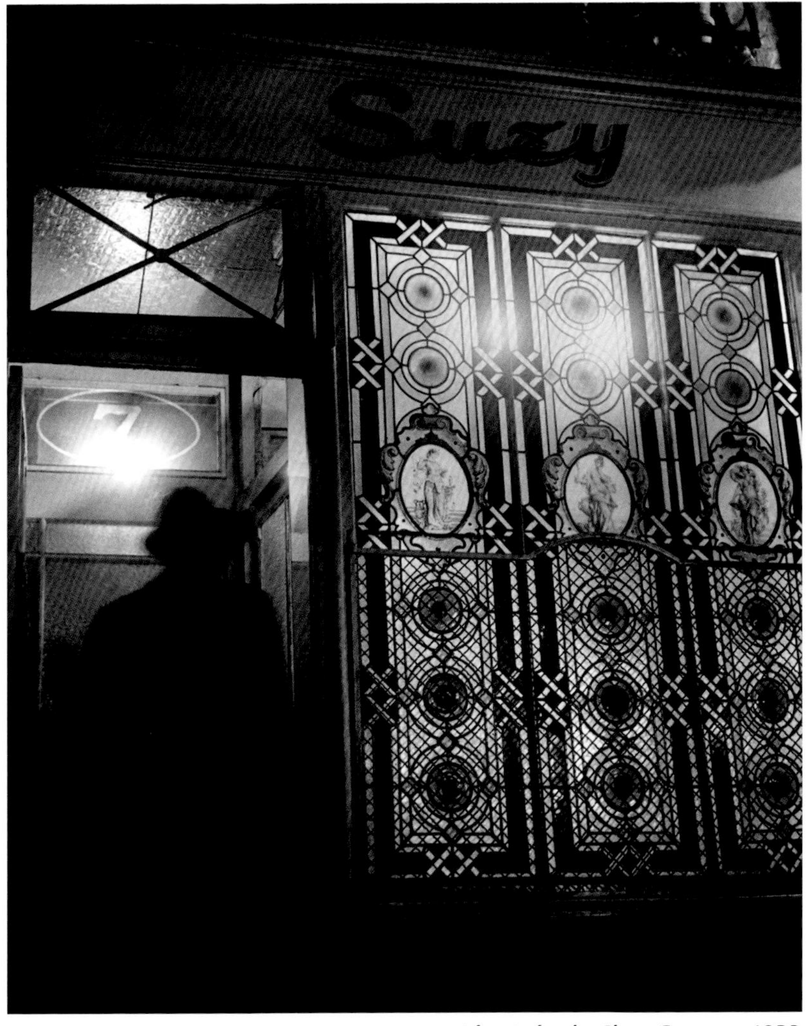

L'entrée de Chez Suzy, c. 1932
The entrance to Suzy's

▸
Chez Suzy, la présentation, c. 1932
Introductions at Suzy's

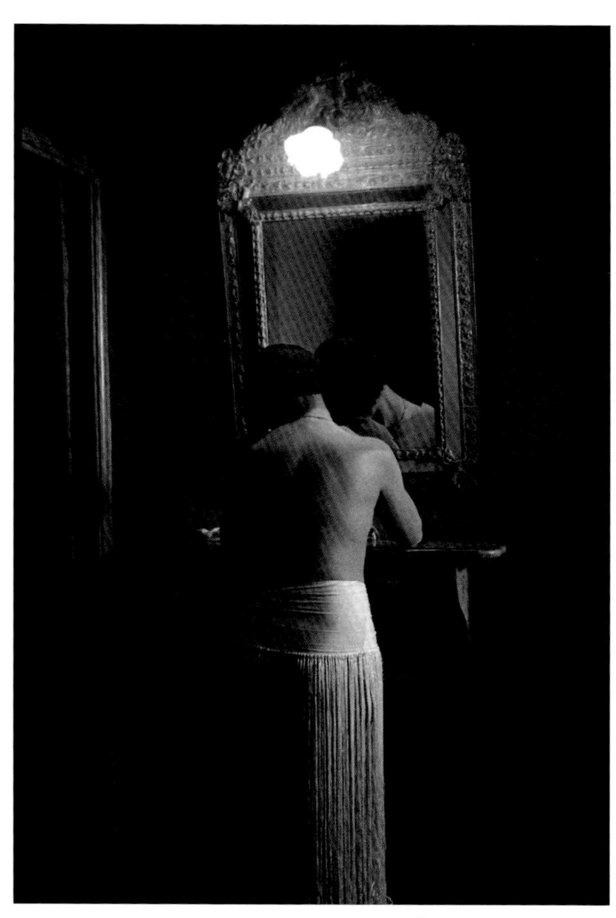

Chez Suzy, c. 1932
At Suzy's

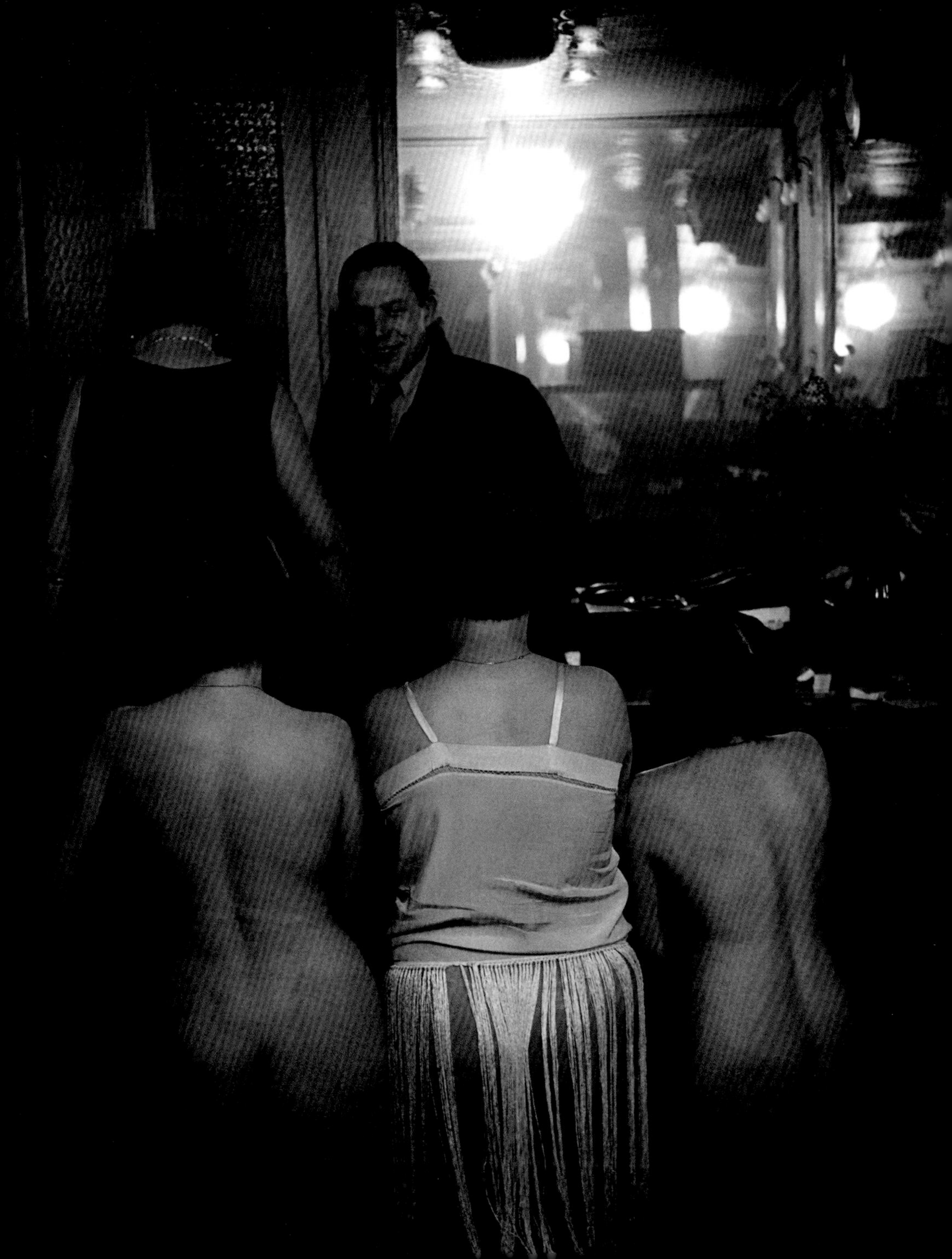

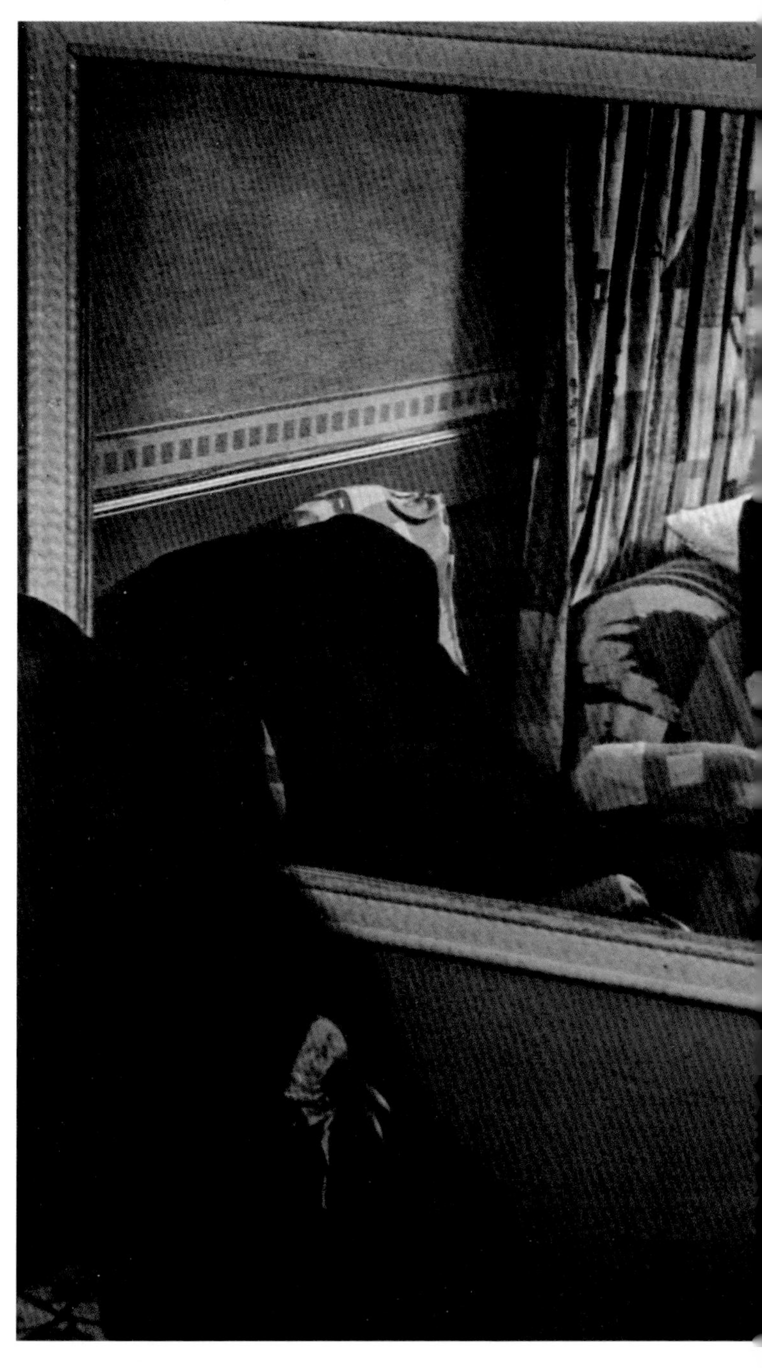

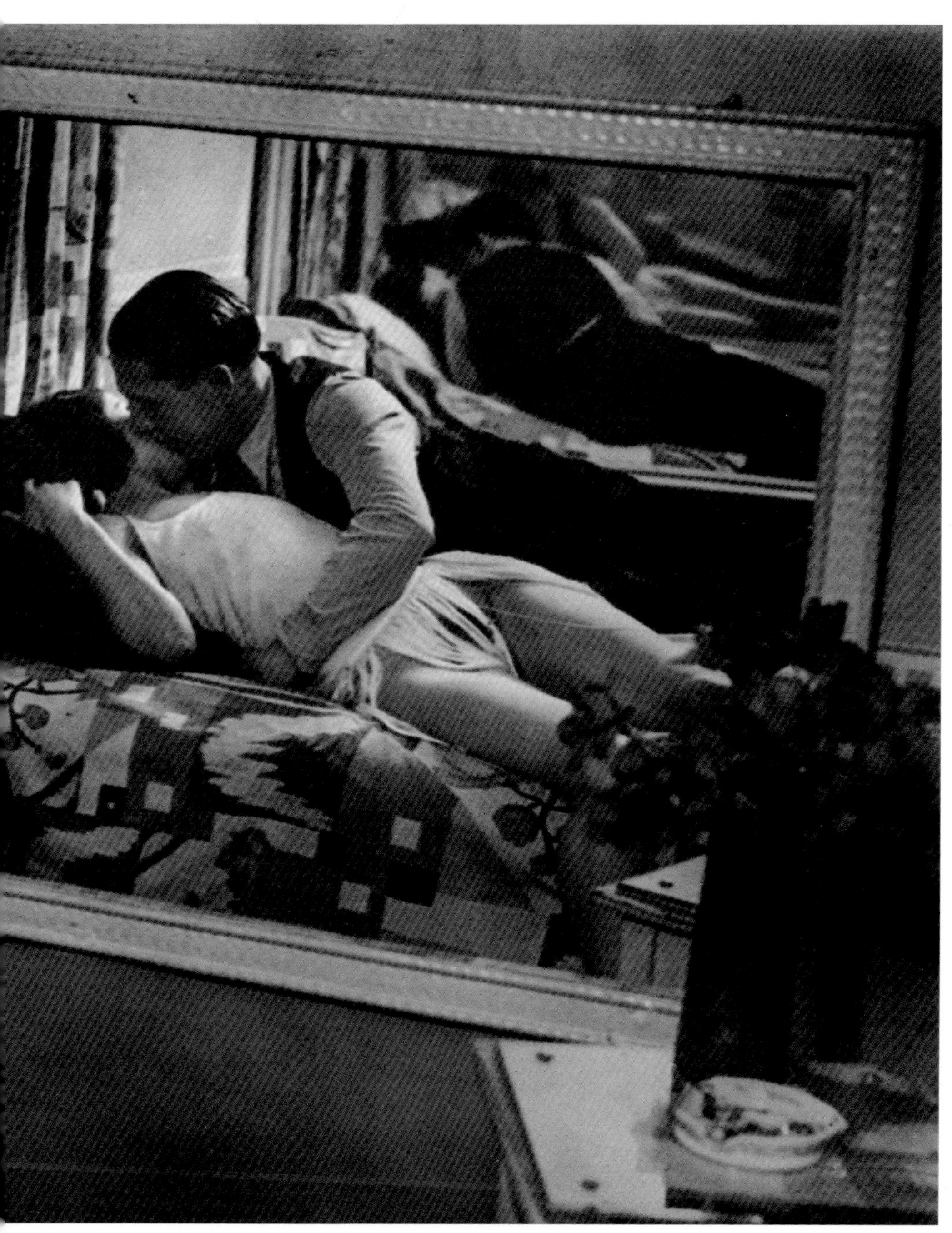

Maison close, rue Grégoire-de-Tours, c. 1932 / Brothel, Rue Grégoire-de-Tours

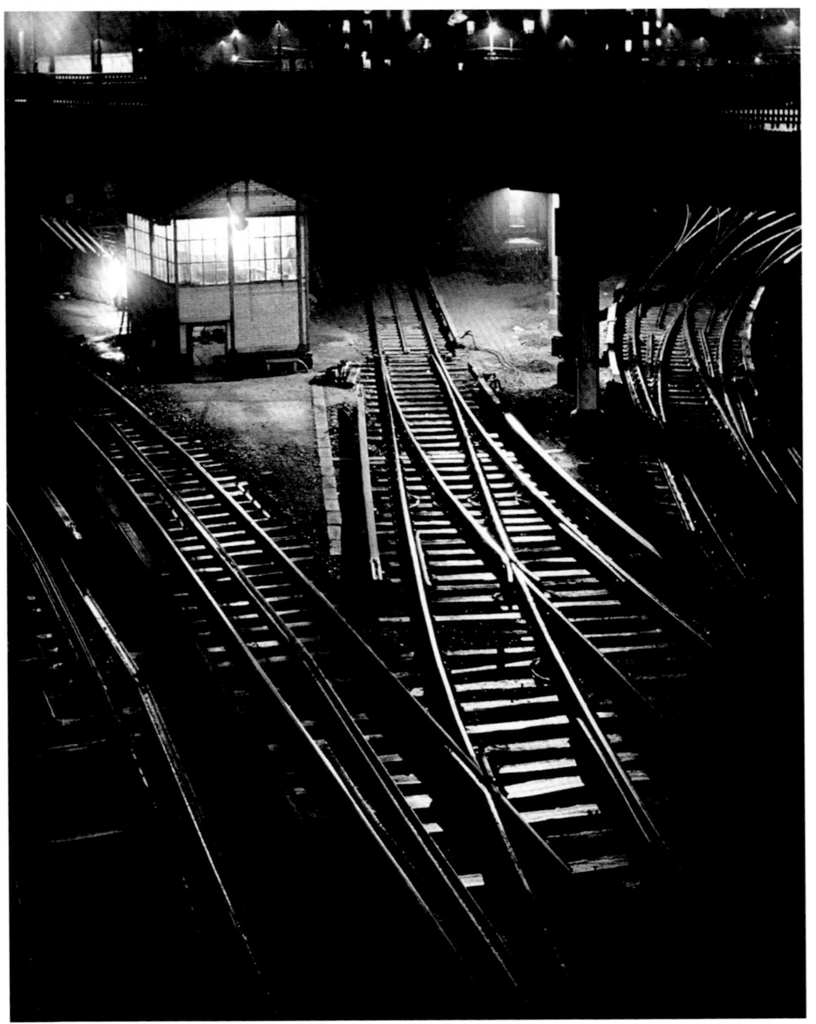

Gare Saint-Lazare, c. 1932

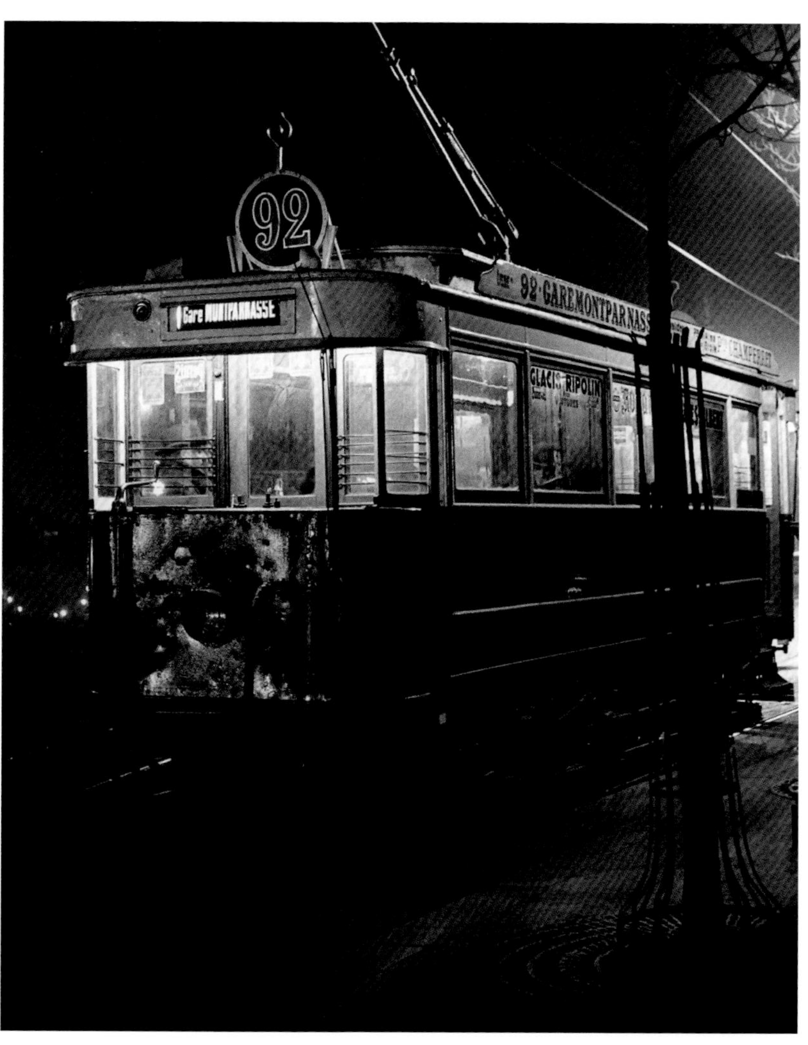

Tramway, 1930–32

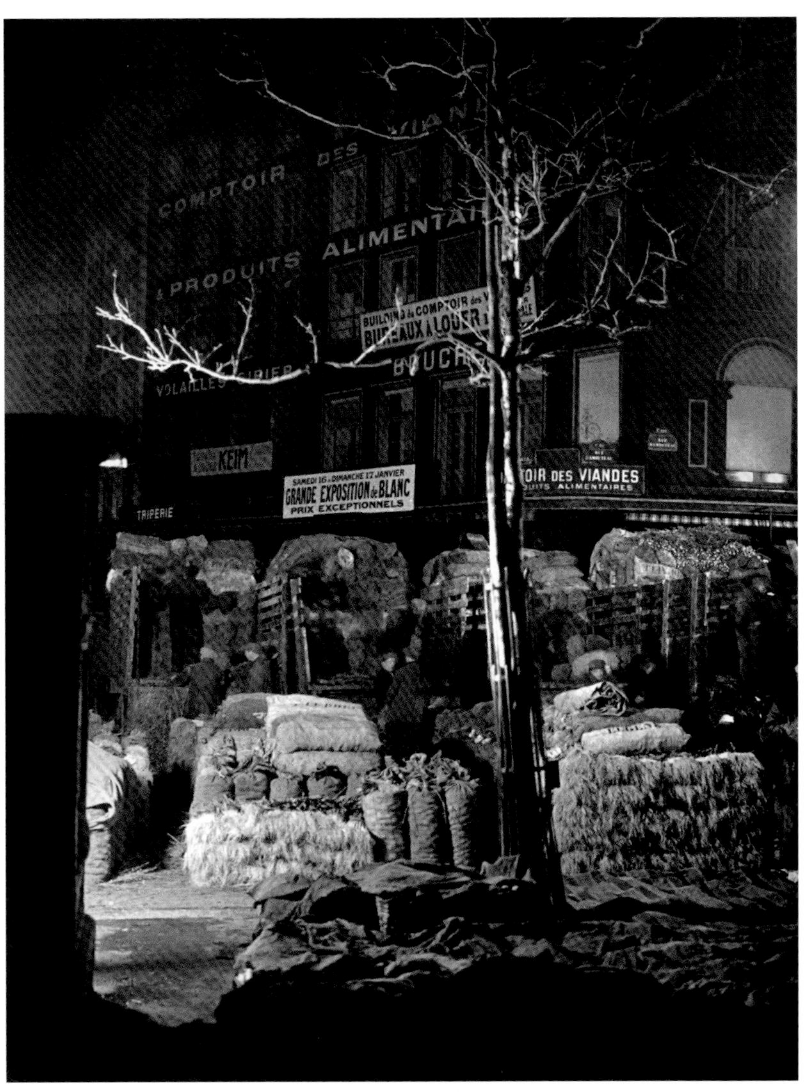

Déchargement aux Halles, 1931–32
Unloading at Les Halles market

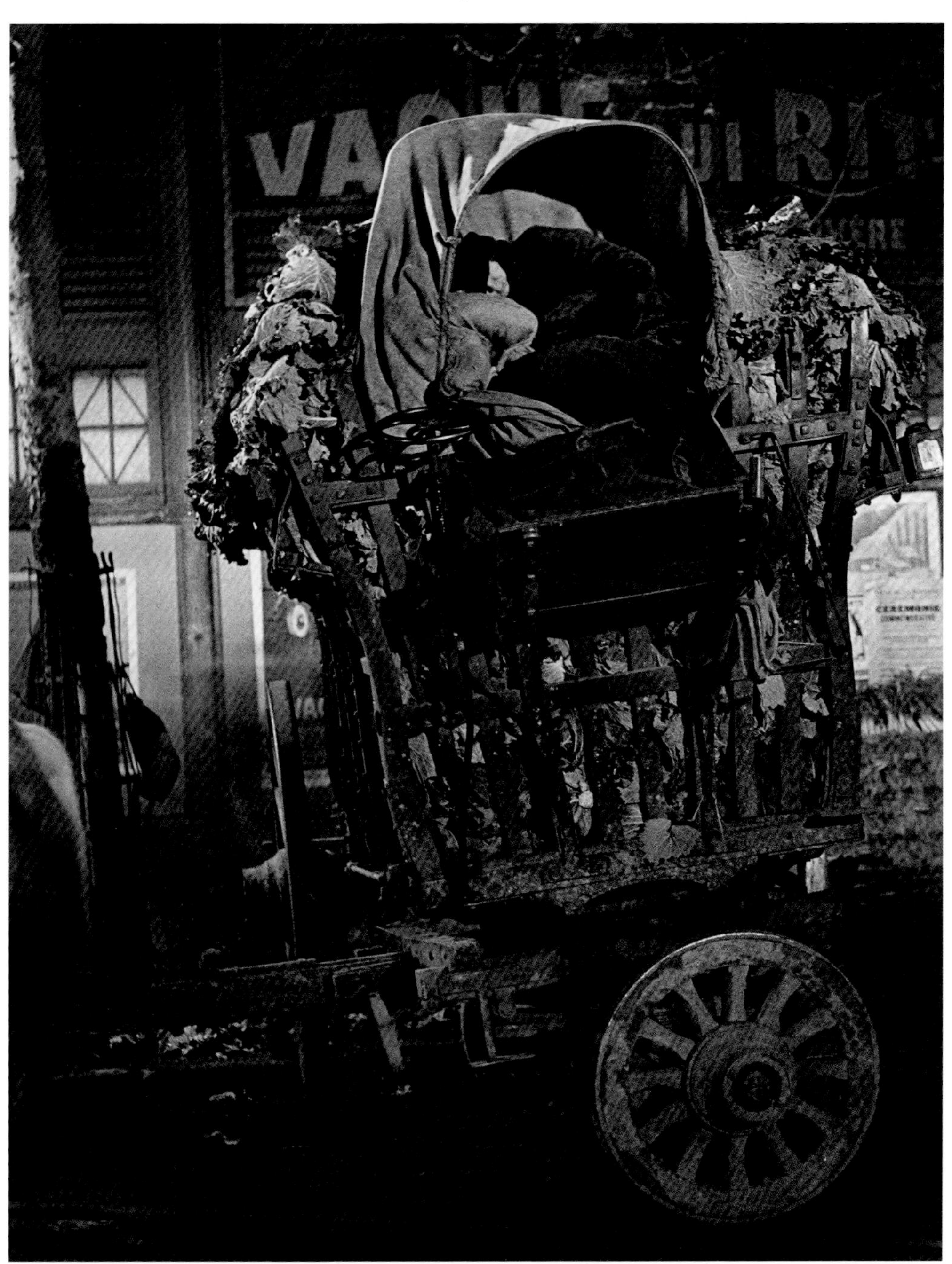

Maraîchère endormie aux Halles, 1930–32 / Sleeping truck farmer at Les Halles market

▸
« Fort » des Halles, 1939
"Strongman" at Les Halles market

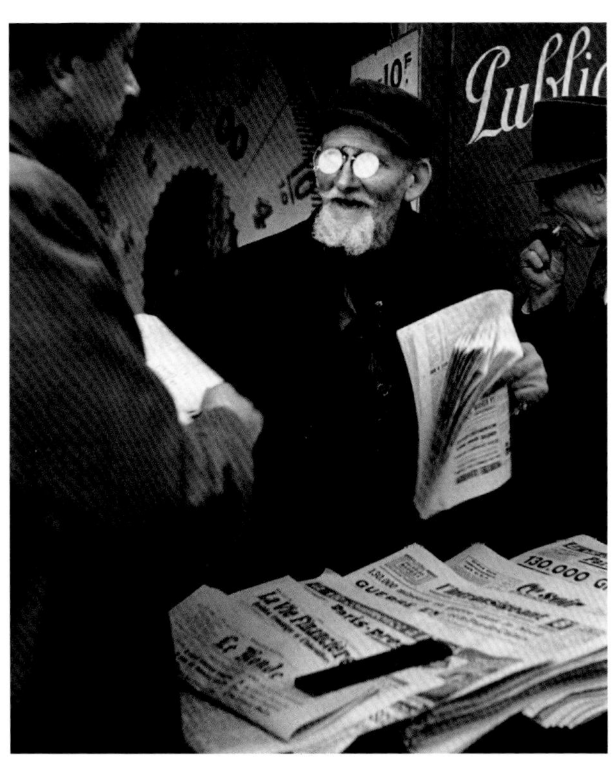

Le marchand de journaux
place Denfert-Rochereau, c. 1948
The Newspaper Seller at Denfert-Rochereau

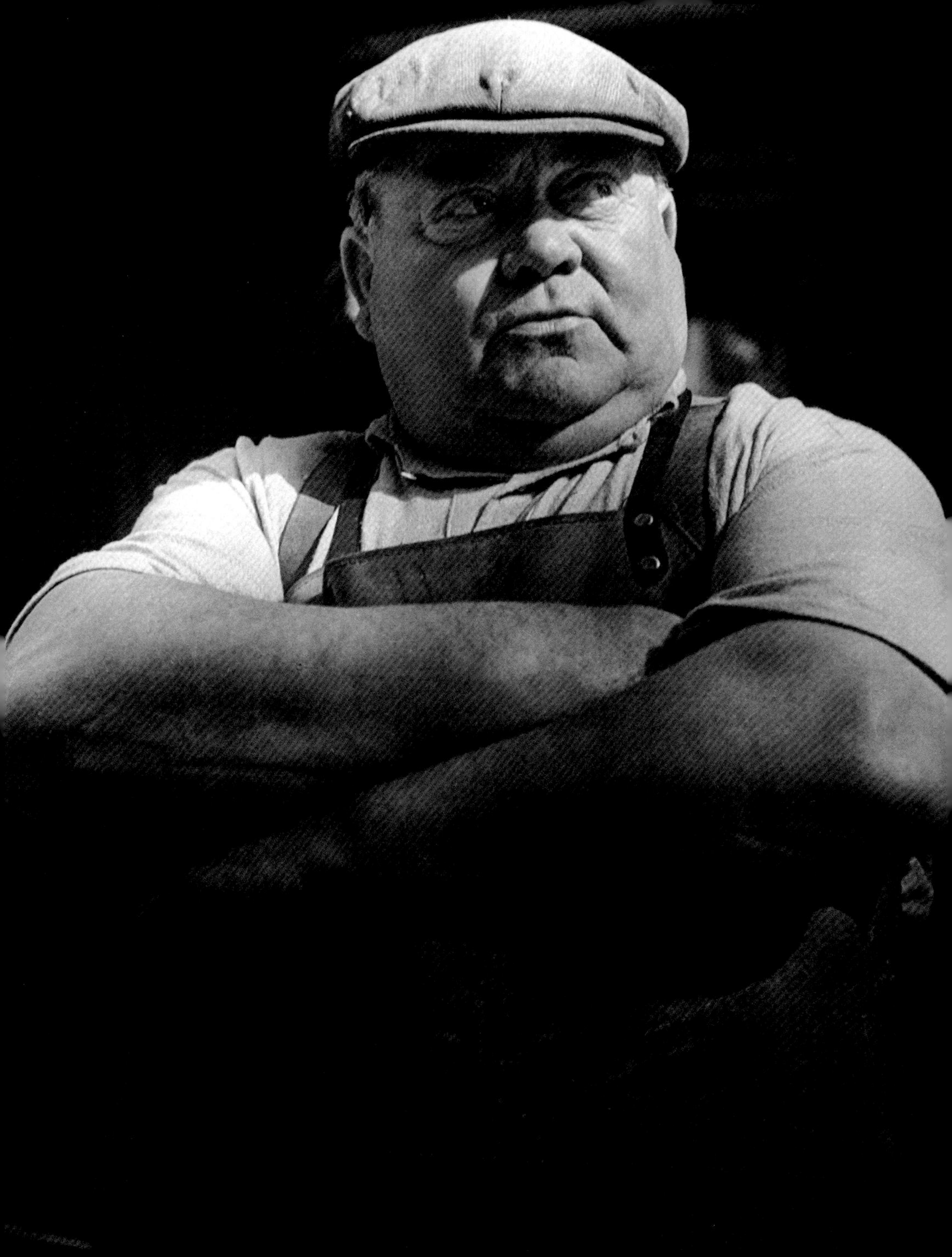

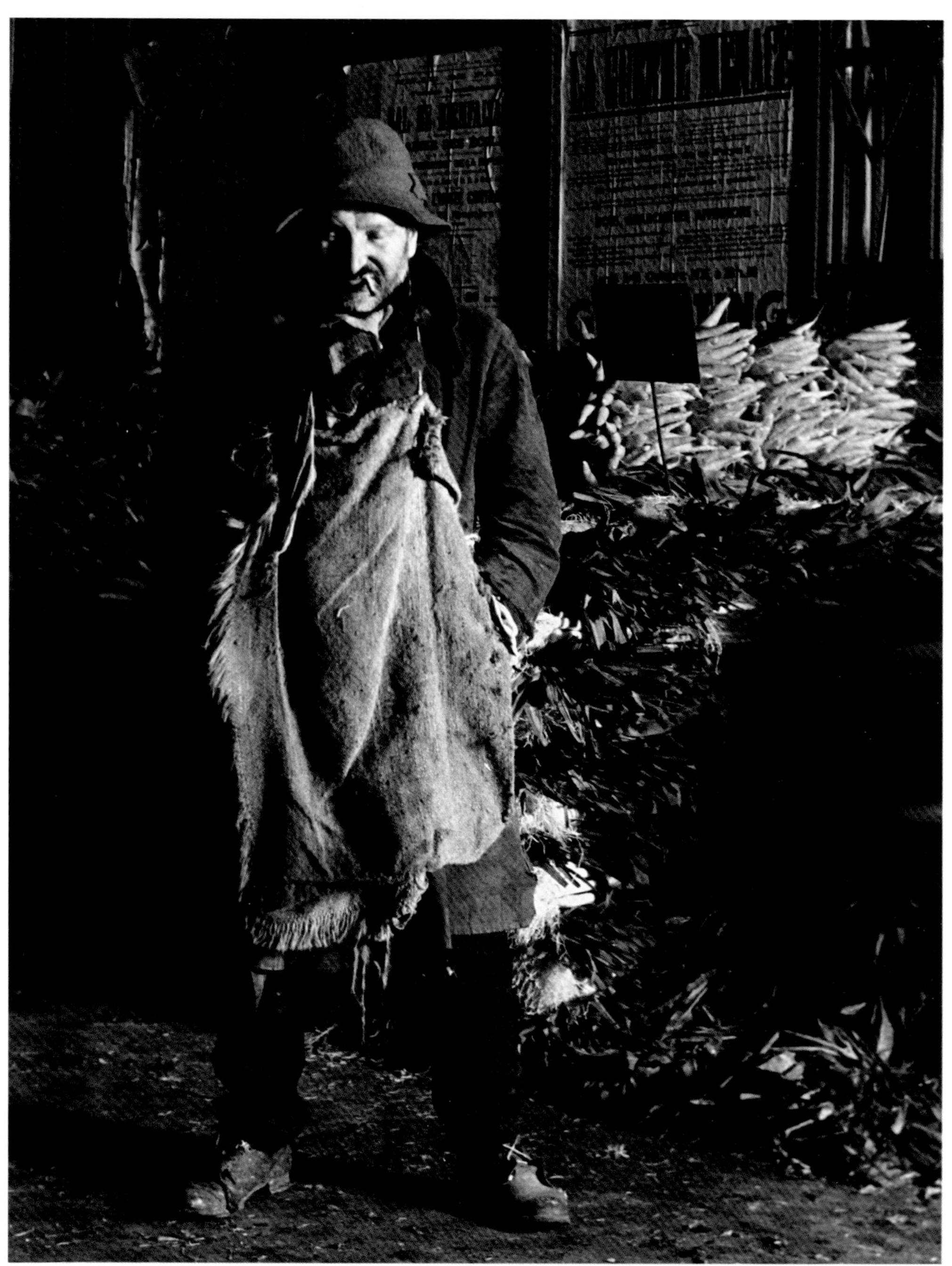

Les Halles, 1931–32 / At Les Halles market

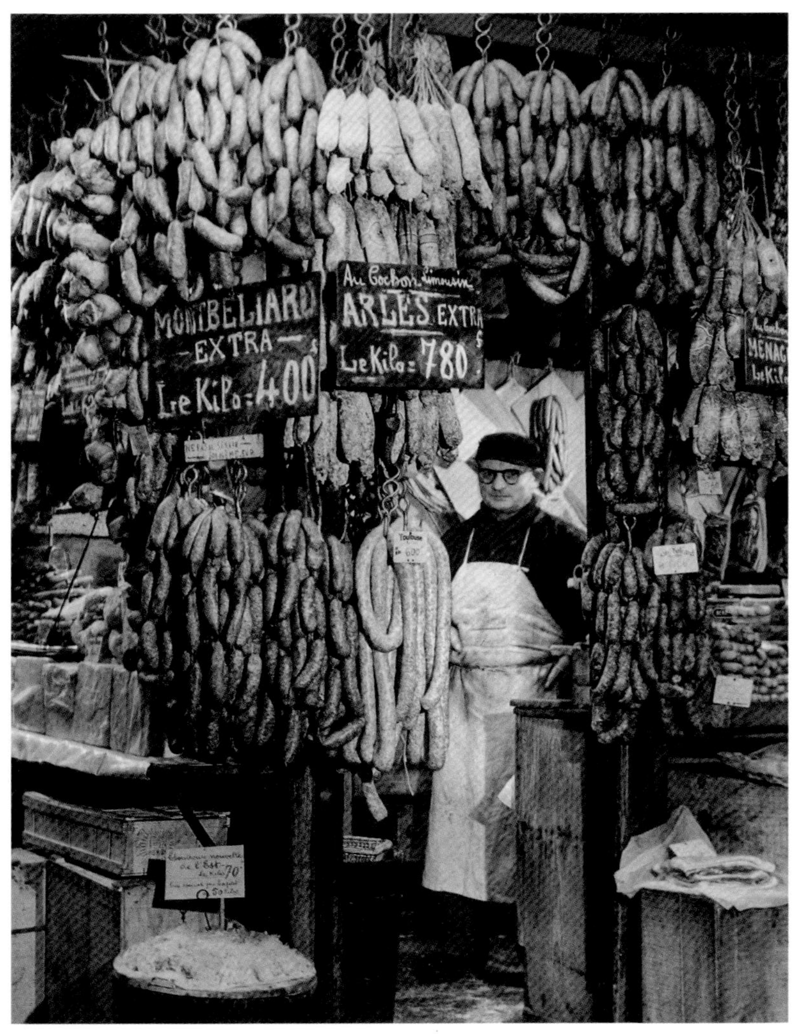

Au Cochon Limousin, Rue Lecourbe, c. 1932–33

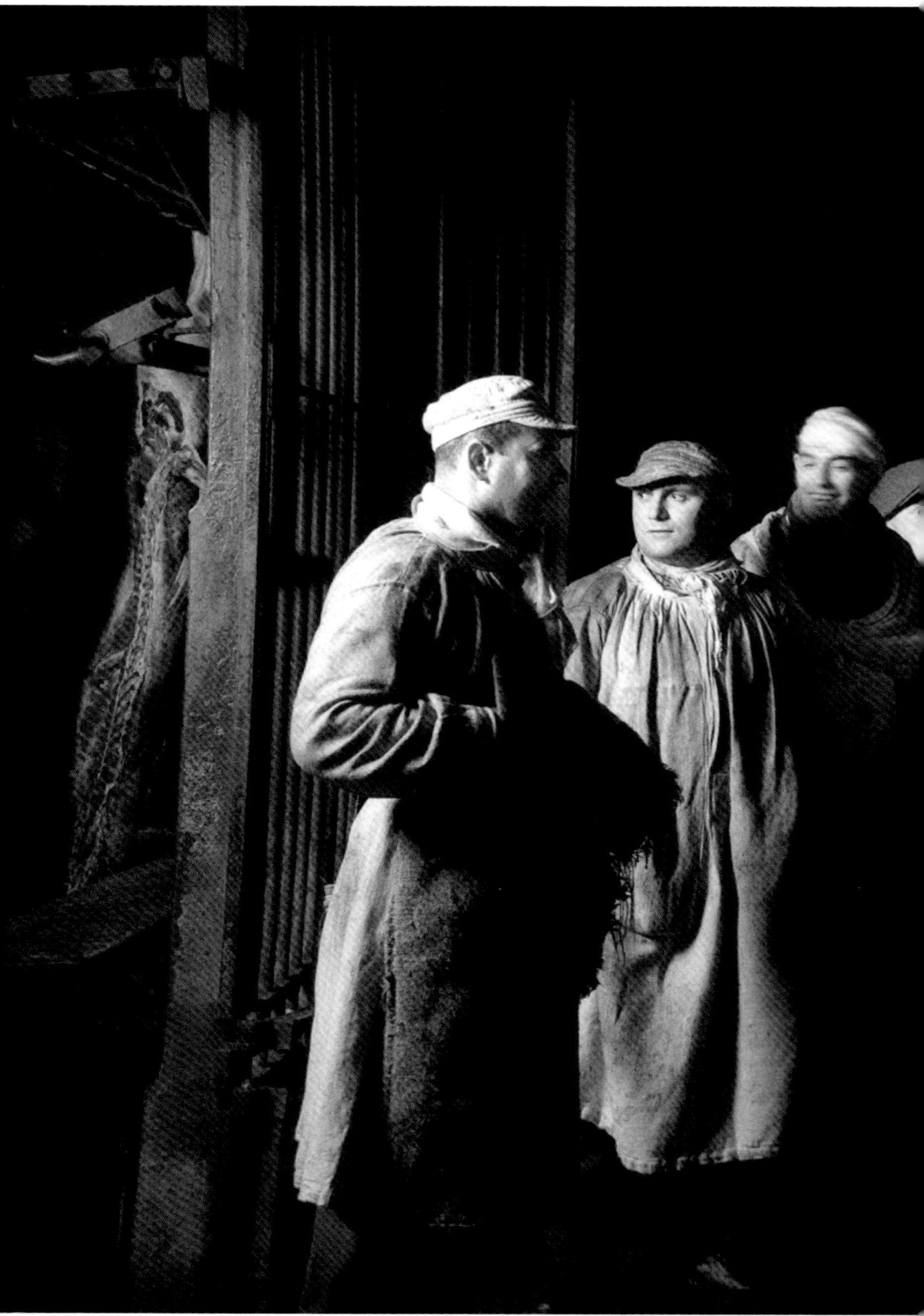

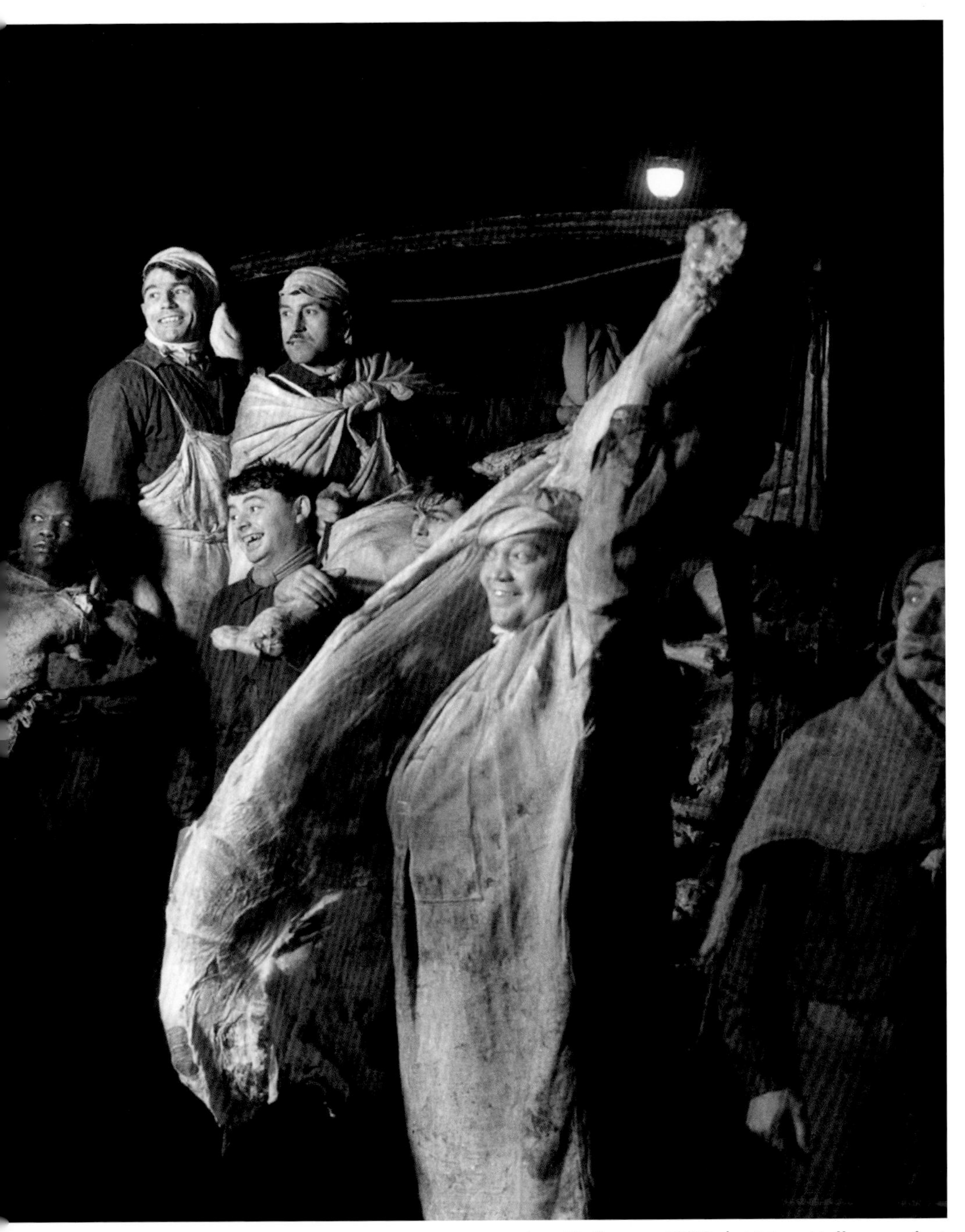

Les Halles, c. 1935 / At Les Halles market

▸
Porteur de viande aux Halles, c. 1935
Meat porter at Les Halles market

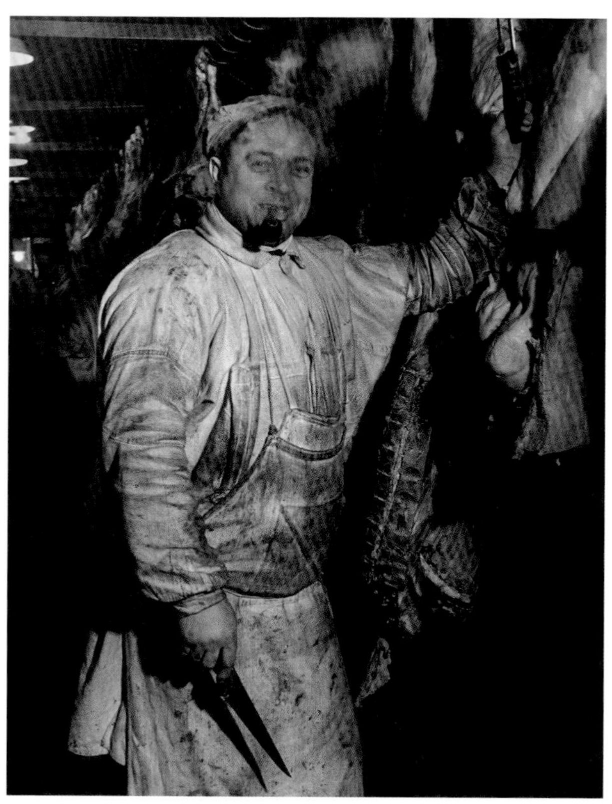

Un « fort », pavillon de la viande, aux Halles, 1935
"Strongman" in the meat pavilion at Les Halles market

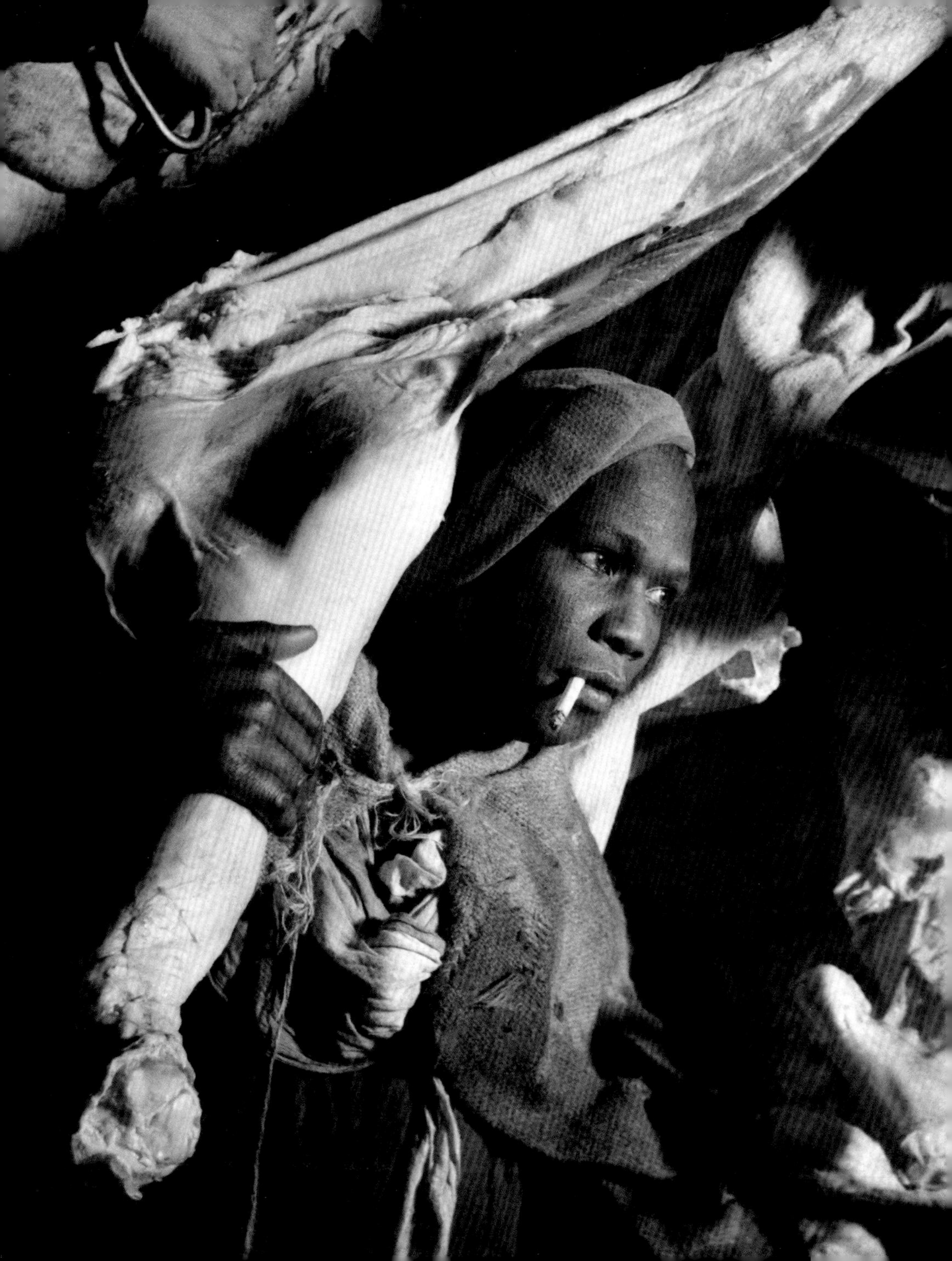

Au chat qui pelote, 1939
Outside Le Chat Qui Pelote

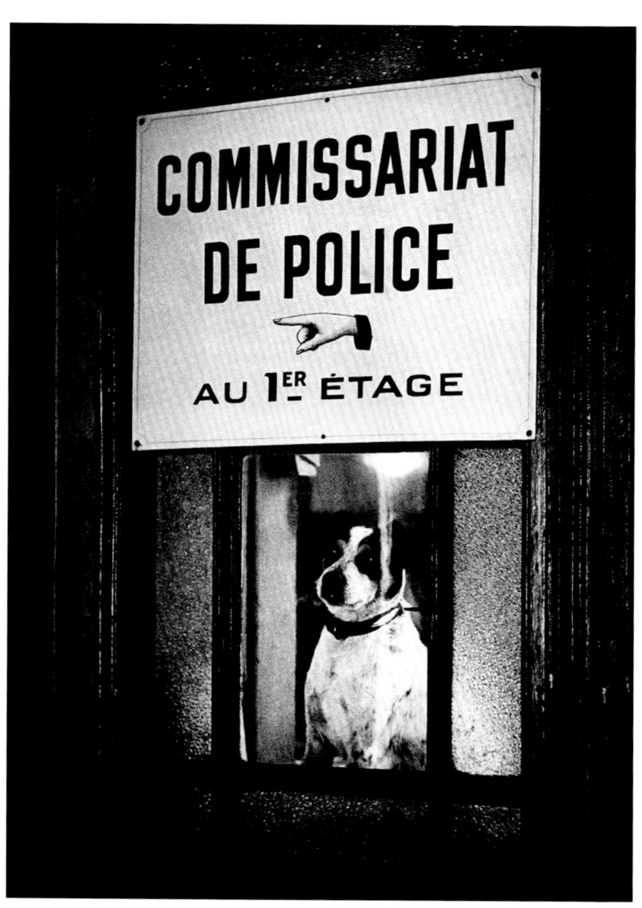

Commissariat de police, 1944
At the police station

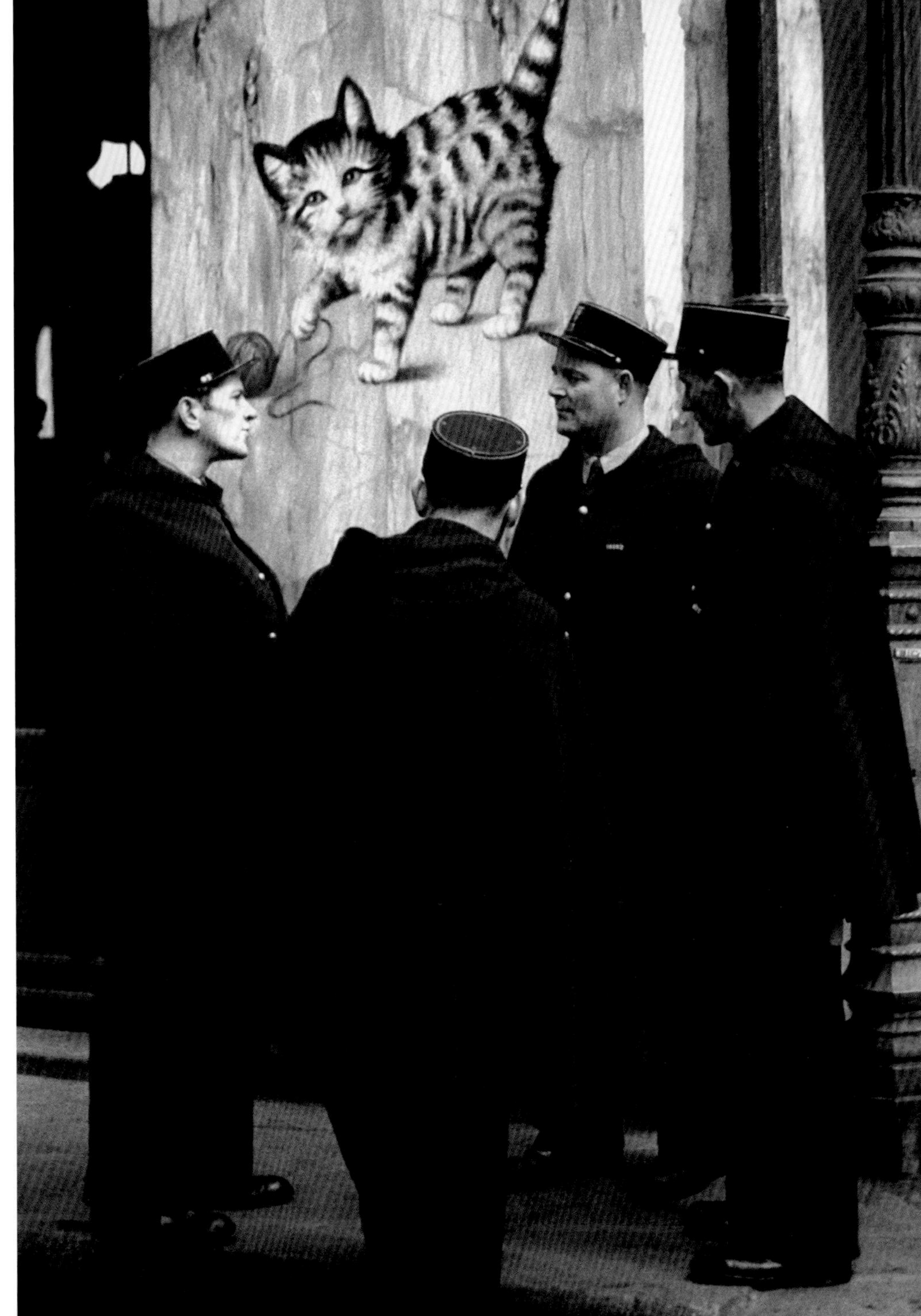

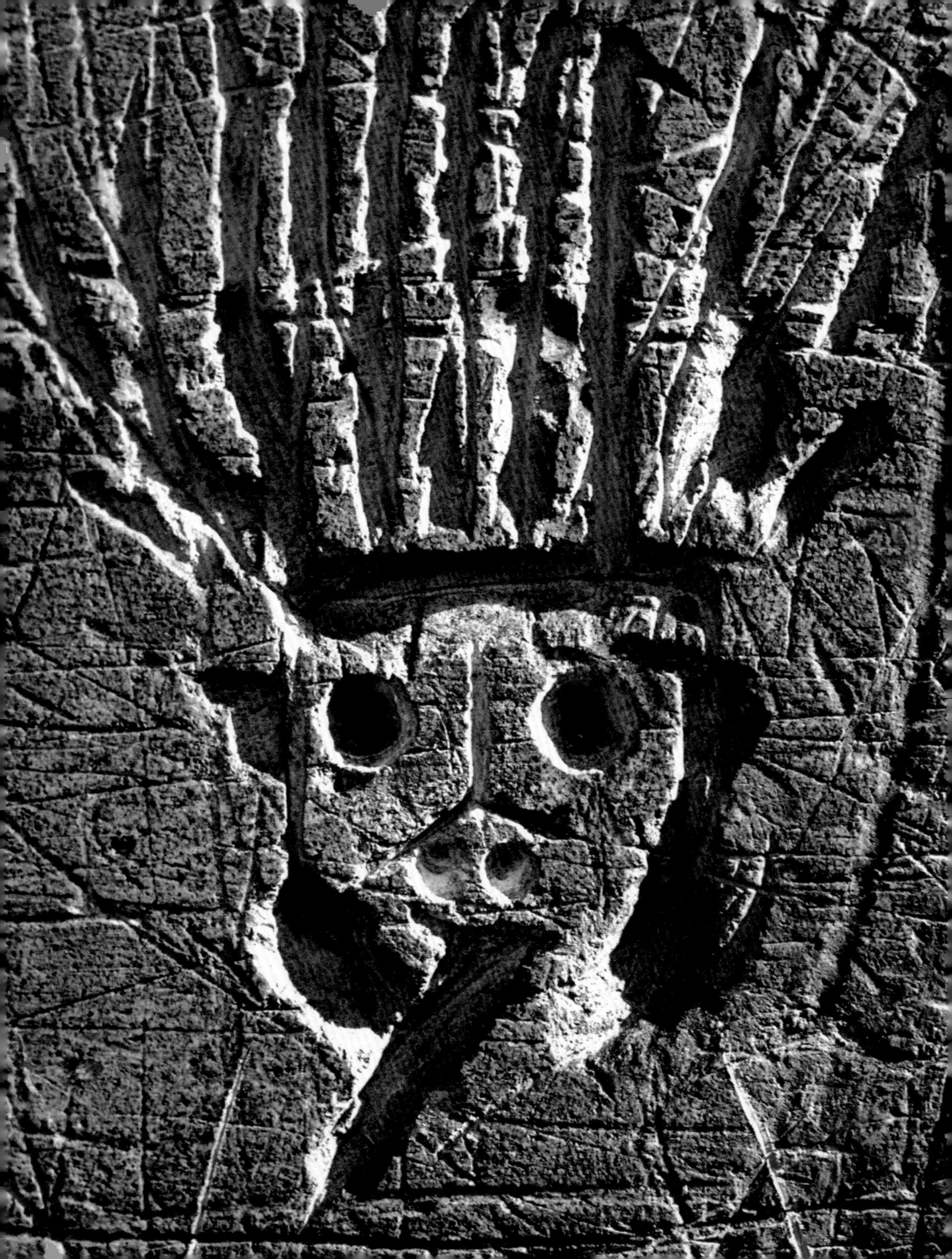

« Le mur a toujours exercé sur moi une sorte de fascination. J'ai souvent préféré cette autre nature artificielle et urbaine, imprégnée d'humanité, infiniment riche en suggestions et ce langage éphémère qui y prend mystérieusement naissance. »

"Walls have always exerted a kind of fascination over me. My preference has often leaned towards this other 'nature,' artificial, urban, the one imbued with humanity, infinitely rich in allusions and the ephemeral language that it has engendered."

Brassaï, préface à *Graffiti* (cat. exp.), Londres, ICA, 1958 / preface to *Graffiti*, exh. cat. (London: ICA, 1958)

Graffiti « Le Roi Soleil », 1945
The Sun King, graffiti

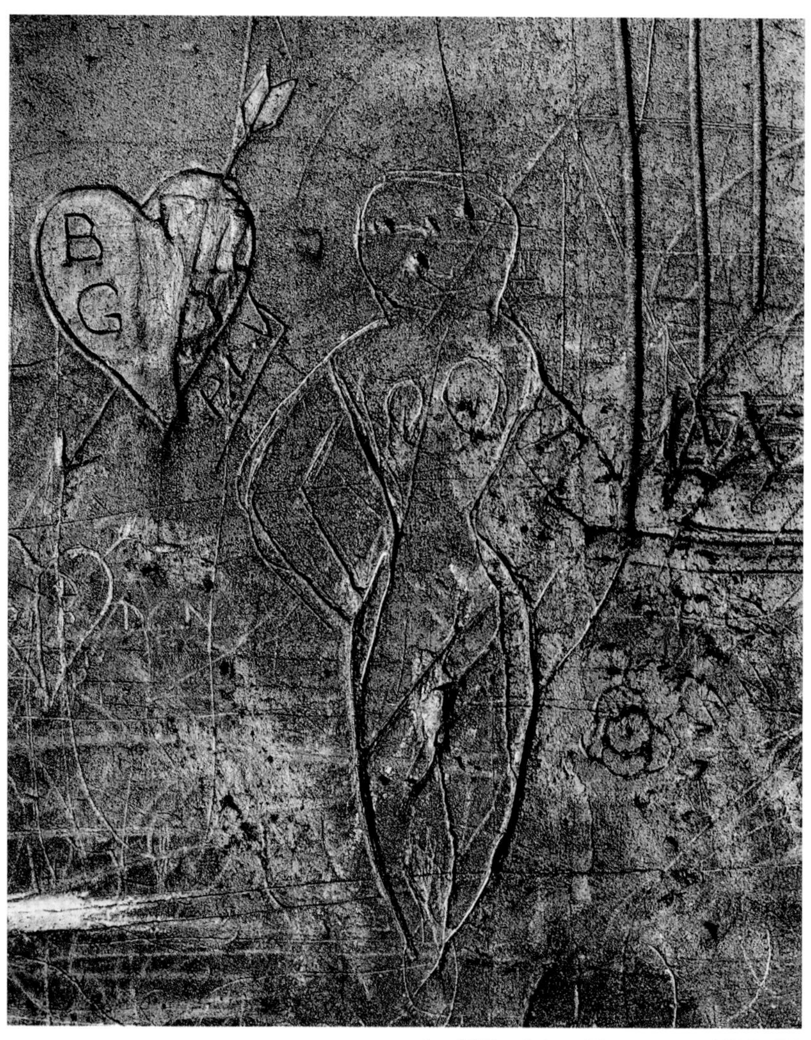

Graffiti, série « L'amour », 1930–50
From the series *Love*, graffiti

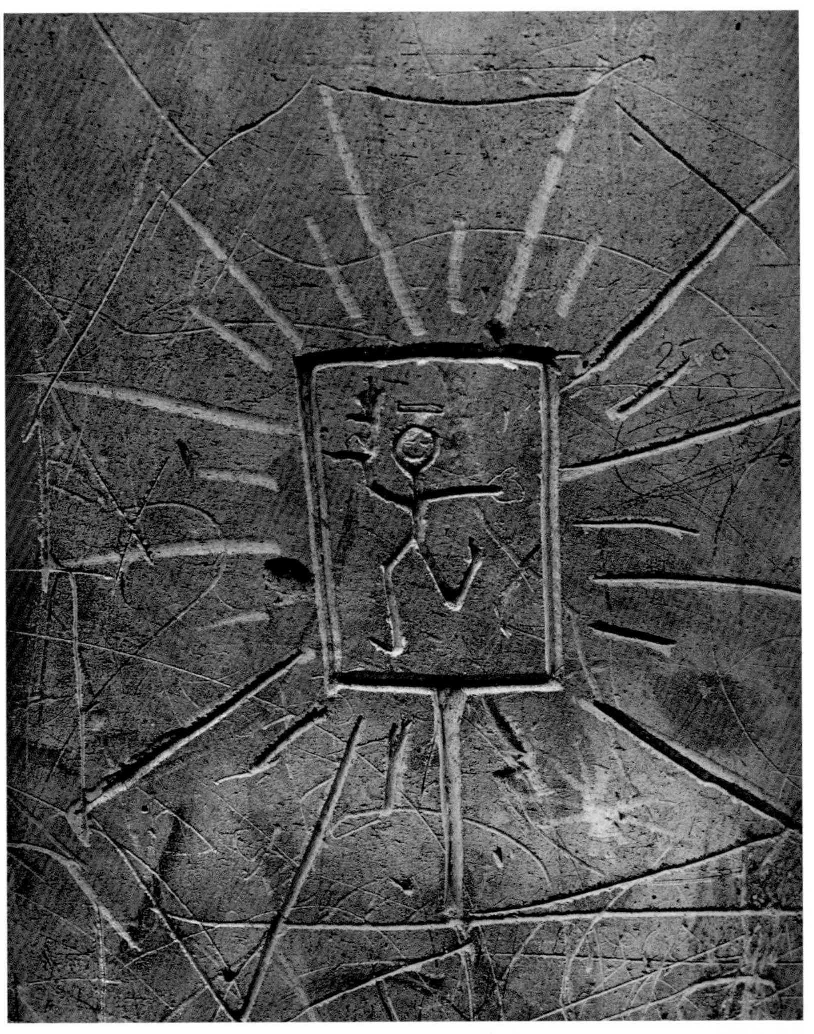

Graffiti « Le messager », 1930–50
The Messenger, graffiti

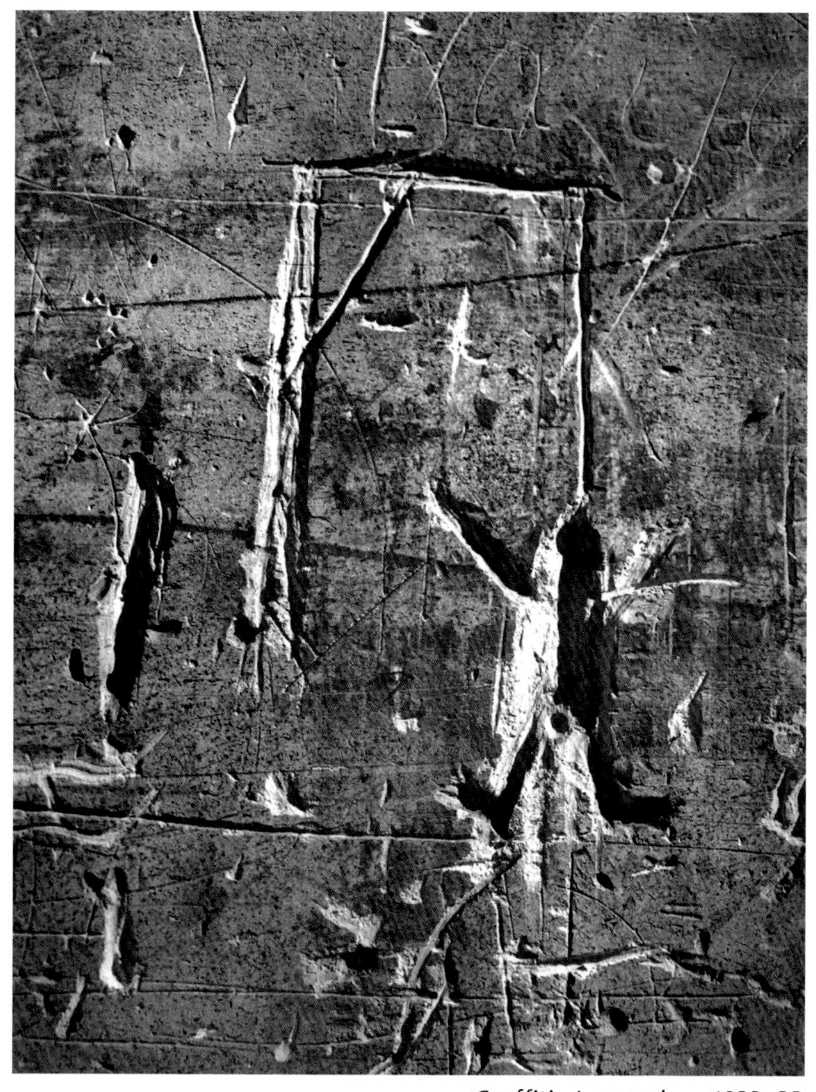

Graffiti « Le pendu », 1932–33
The Hanged Man, graffiti

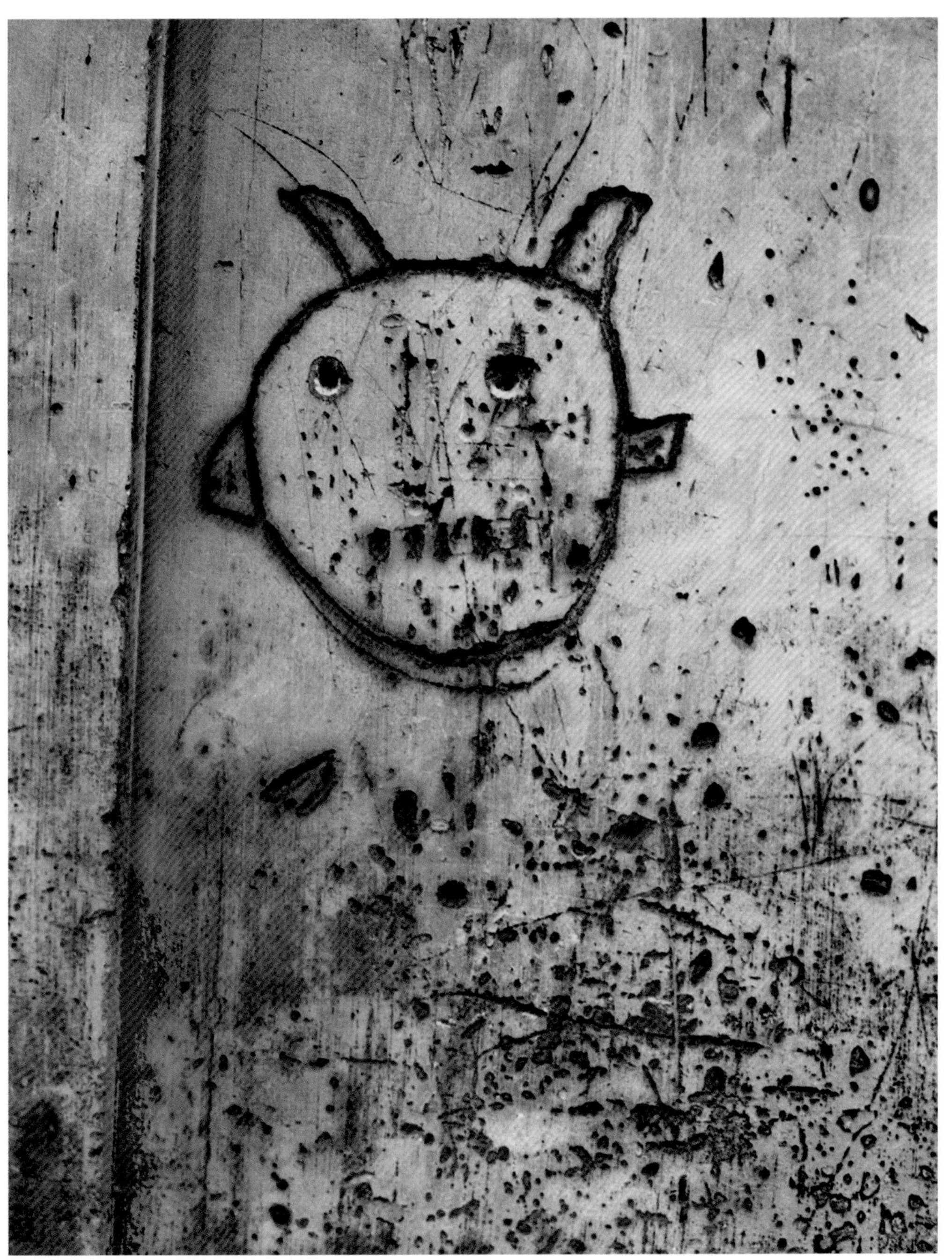

Graffiti, série « La magie », 1933–45 / From the series *Magic*, graffiti

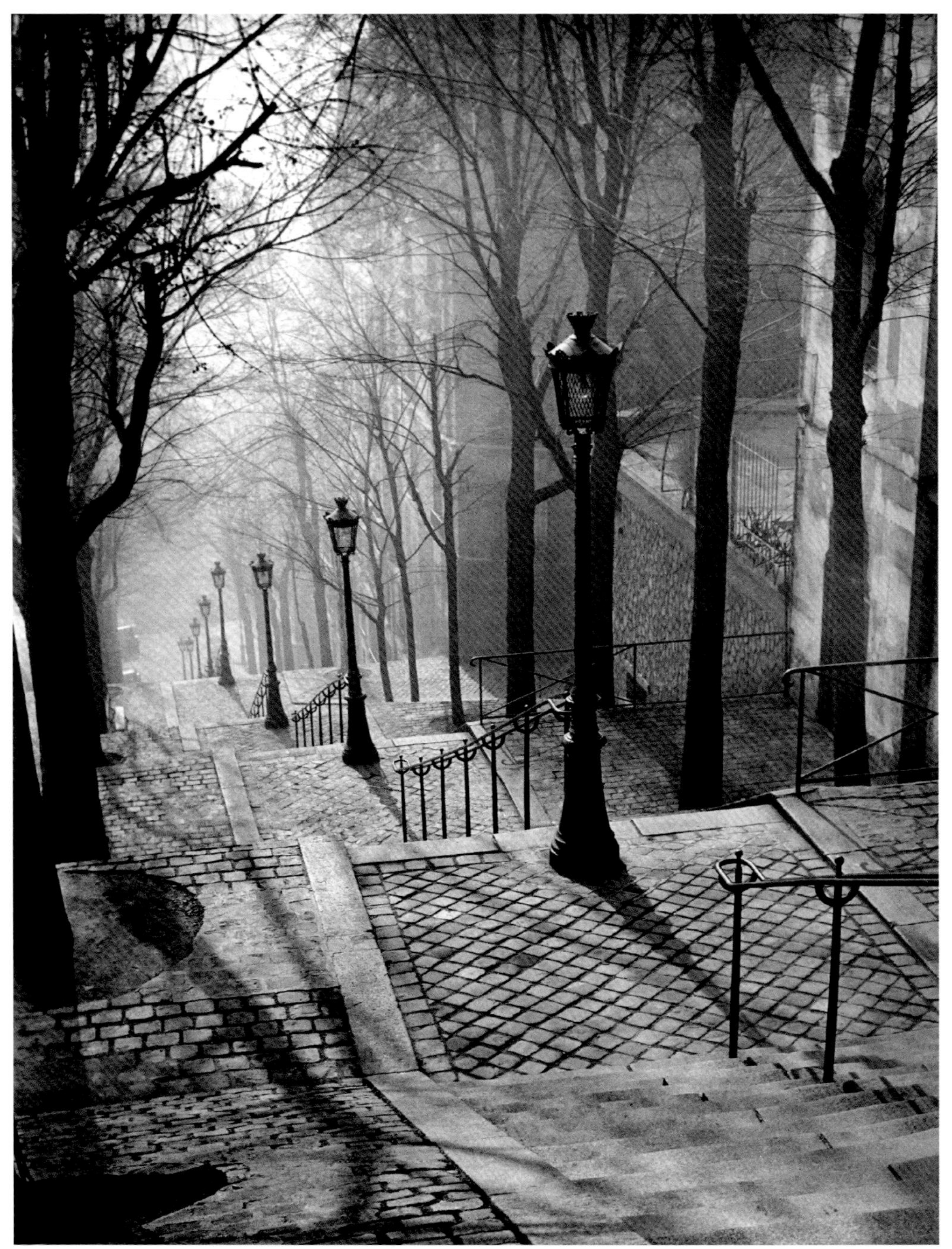

Escalier de la Butte Montmartre, c. 1935 / Staircase in Montmartre

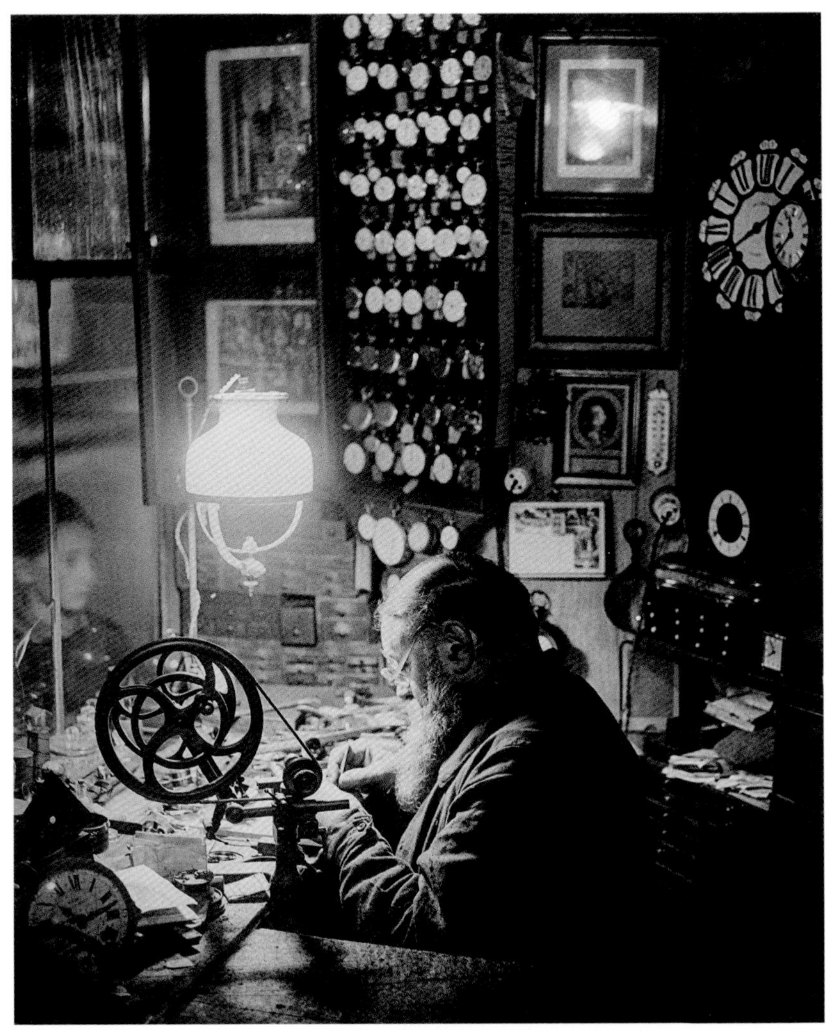

L'horloger du passage Dauphine, c. 1932–33
The watchmaker of Passage Dauphine

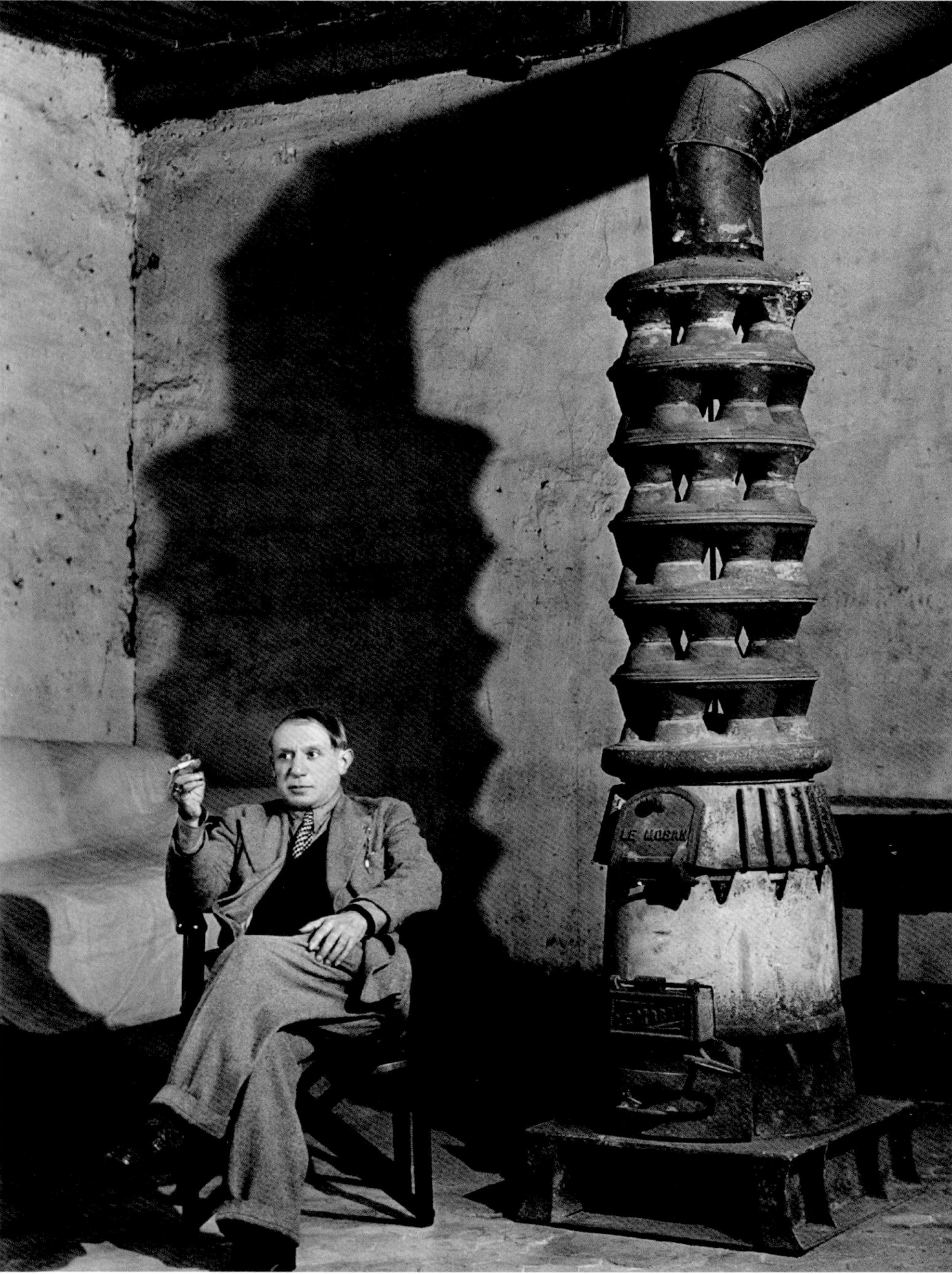
LE MOGAN

◀
Le poêle de Picasso, rue des Grands-Augustins, septembre 1939
Picasso and his stove, Rue des Grands-Augustins, September 1939

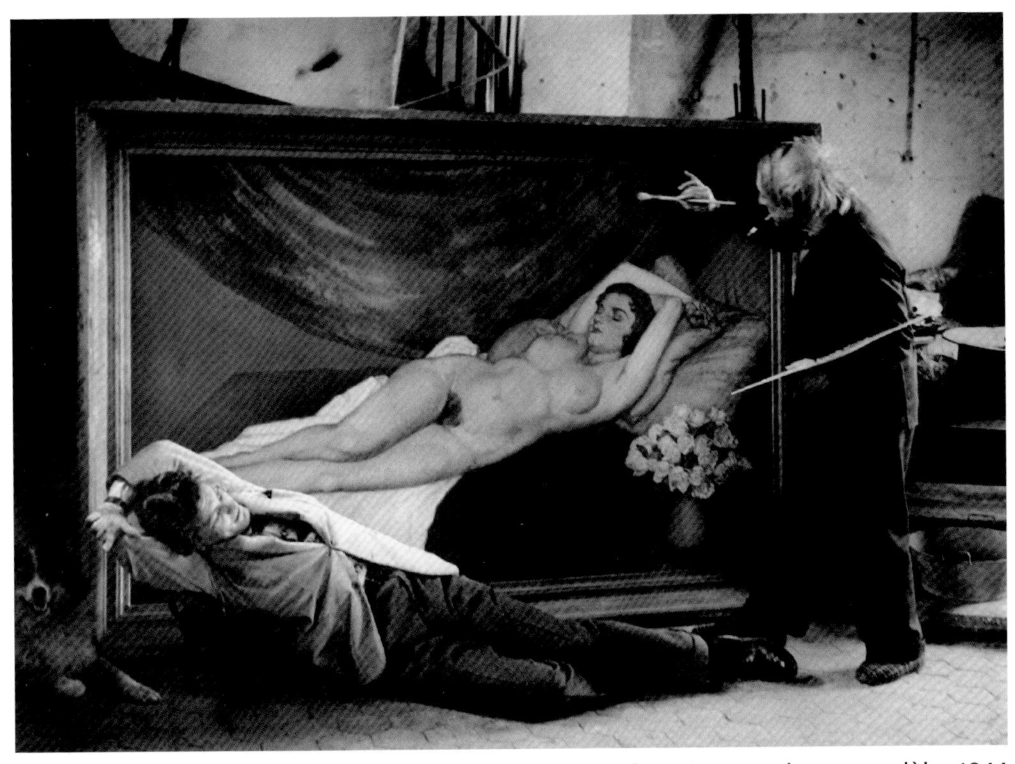

Jean Marais et Picasso dans la pose du peintre et de son modèle, 1944
Jean Marais and Picasso posing as model and painter

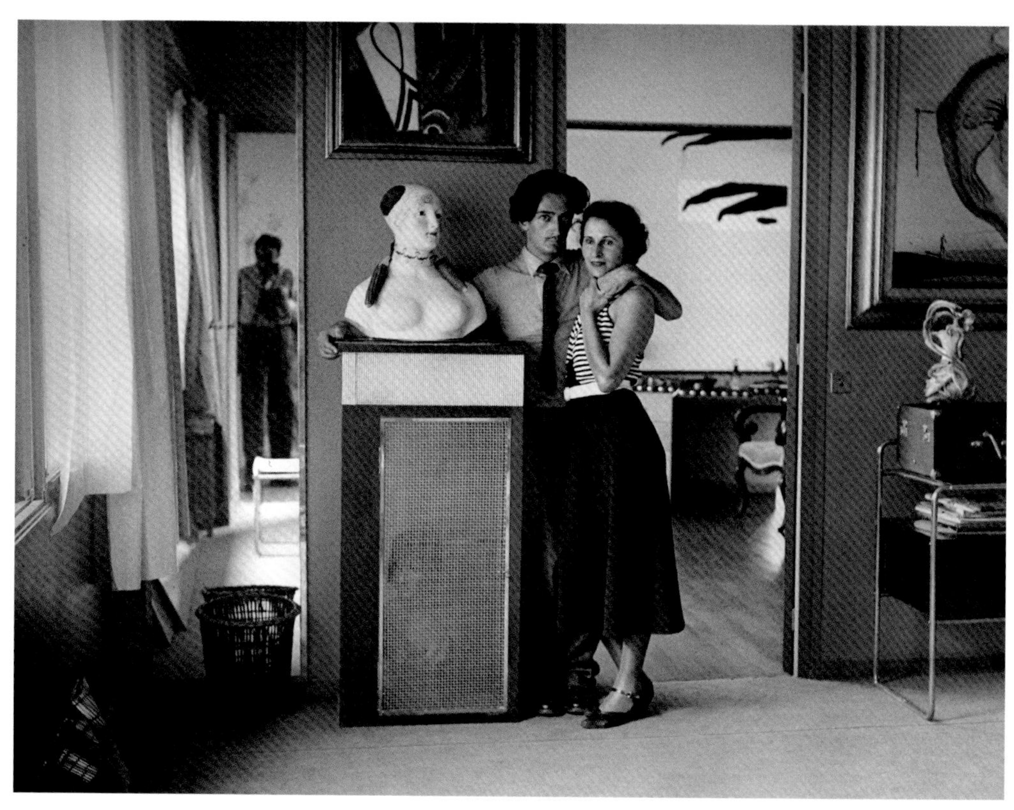

Dalí et Gala à la Villa Seurat, 1932
Dalí and Gala at the Villa Seurat

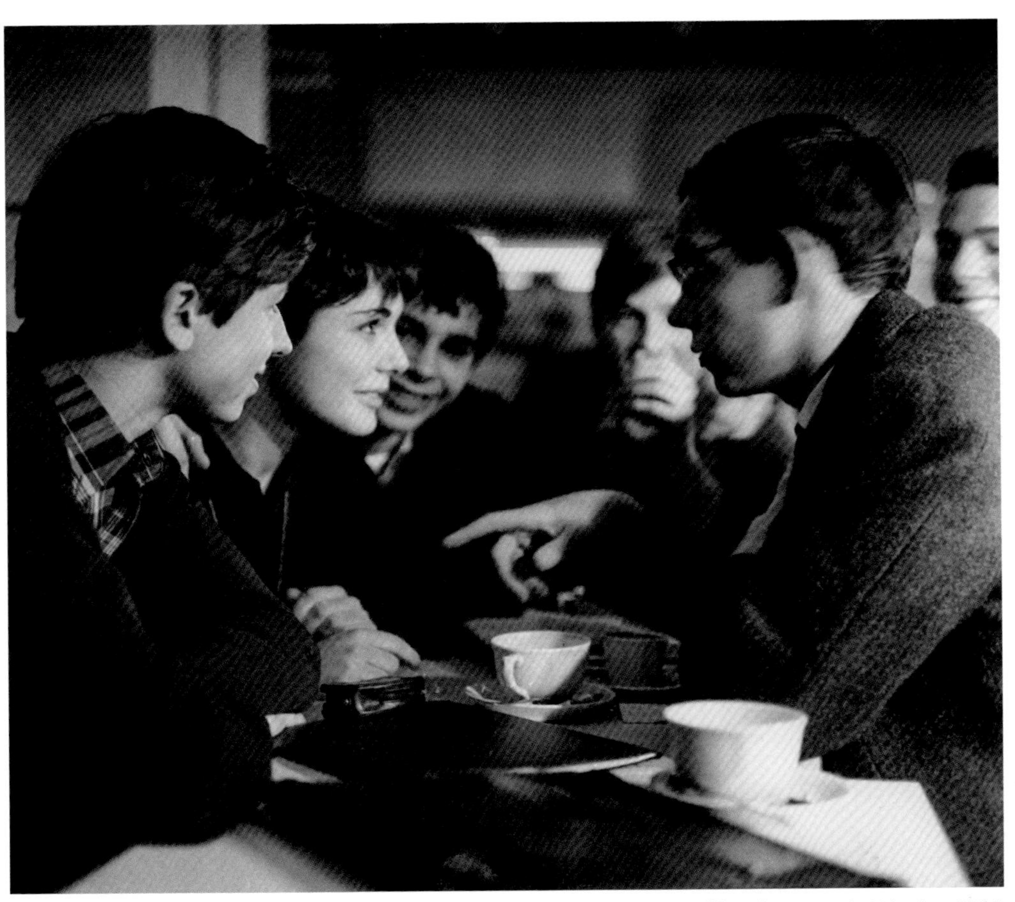

Jeunes pour un film de Francis Warin, 1965
Young actors for a film by Francis Warin

▸
Autoportrait, boulevard Saint-Jacques, 1931–32
Self-portrait on Boulevard Saint-Jacques

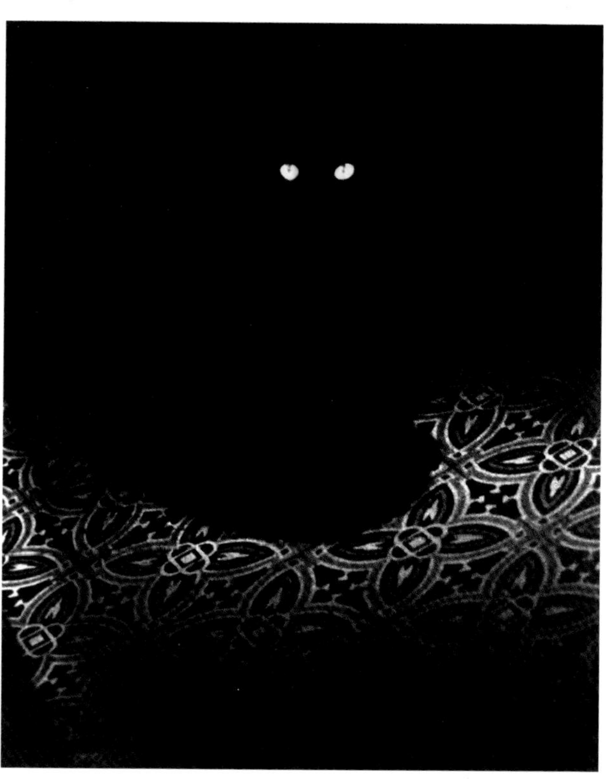

Le Chat noir, c. 1934–35
The Black Cat

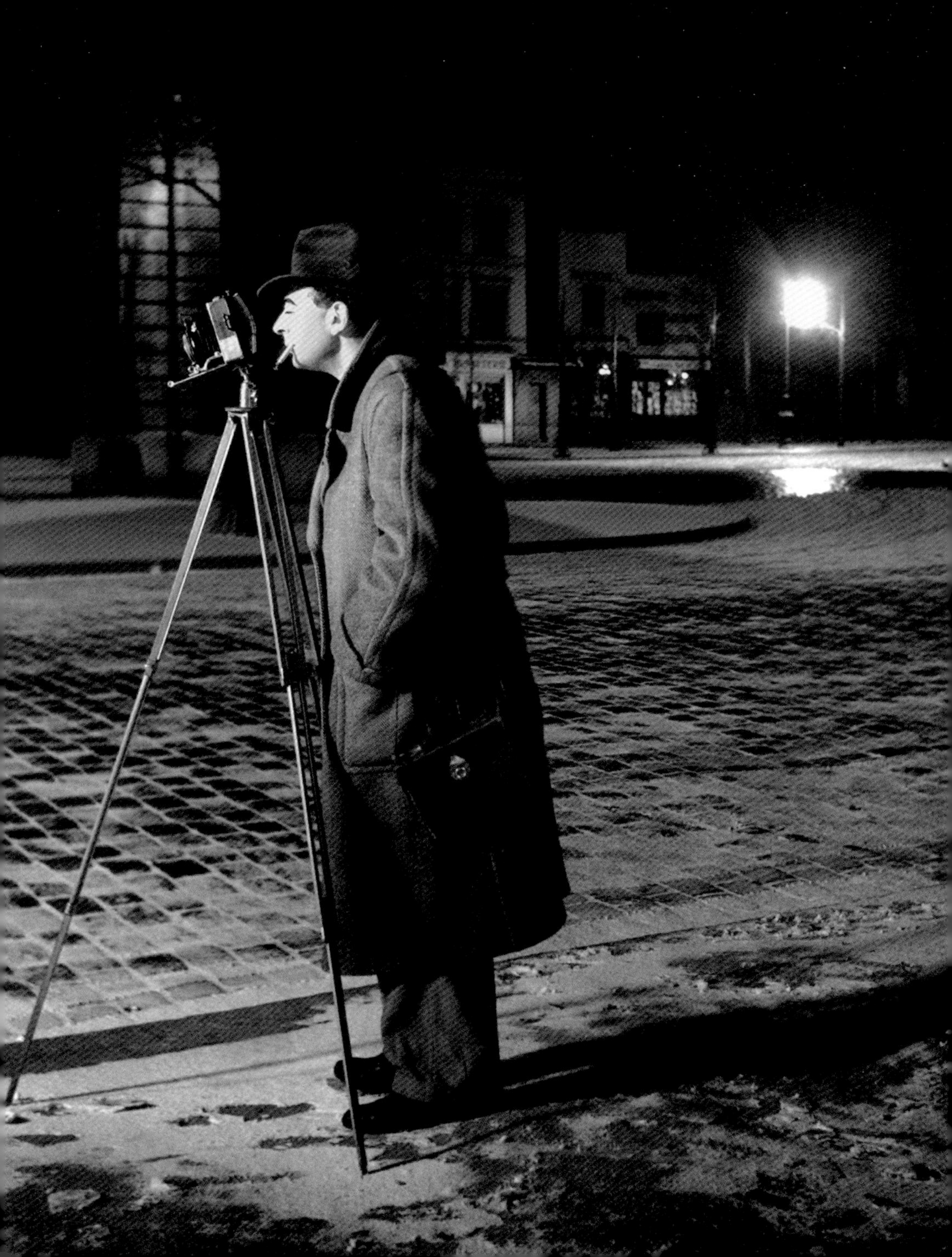

BRASSAÏ • BIOGRAPHIE

- **1899** Gyula Halász naît le 9 septembre à Brassó (Brasov), en Transylvanie.
- **1903-4** Premier séjour en France où son père bénéficie d'une année sabbatique.
- **1918-19** Suit les cours de l'Académie des beaux-arts de Budapest auprès de Mattis-Teutsch.
- **1921-22** Suit les cours de l'Académie des beaux-arts de Berlin et y obtient son diplôme. Rencontre ses amis artistes : Moholy-Nagy, Kokoschka, Kandinsky, Tihanyi mais aussi Varèse. Dessine, grave mais surtout met en place sa démarche artistique et intellectuelle en se donnant Goethe comme maître à penser.
- **1924** Arrive à Paris en janvier et ne retournera plus jamais dans son pays natal. Devient journaliste pour vivre et occupe ses soirées au milieu de la colonie d'artistes, hongrois ou allemands principalement, qui fait les beaux jours de Montparnasse.
- **1925** Rencontre l'écrivain Henri Michaux ainsi qu'Eugène Atget, dont il admire le travail photographique.
- **1933** Collabore, pour le compte du *Minotaure* et d'Albert Skira, avec André Breton, Paul Éluard, Robert Desnos, Salvador Dalí, etc. Première exposition personnelle à la Batsford Gallery de Londres. Publie *Paris de nuit*.
- **1935** Emménage dans le XIVe arrondissement de Paris qui lui sert de point de départ pour toutes ses investigations photographiques ; installe son laboratoire dans son appartement. Acquiert un Rolleiflex. Rencontre Matisse dont il fait les premiers portraits.
- **1937** Débute sa collaboration, qui durera plus de vingt-cinq ans, avec les directeurs artistiques Carmel Snow et Alexis Brodovitch pour *Harper's Bazaar*. Publie textes et photographies dans de nombreux magazines et revues français et étrangers.
- **1939** À la demande de Matisse, exécute une série de *Nus* à l'atelier, puis réalise pour *Life* une série sur Picasso à l'atelier.
- **1940-42** Part en exode avec les frères Prévert et une partie de leur groupe qui se retrouvent à Cannes, mais Brassaï décide bientôt de rentrer à Paris pour retrouver ses négatifs. Refuse de demander une autorisation aux Allemands pour travailler et rejette une invitation à émigrer aux États-Unis. Sur les conseils de Picasso, reprend le dessin.
- **1943** Écrit *Bistro-tabac* qui évoque les absurdités du temps de l'Occupation. Photographie les sculptures de Picasso dans son atelier jusqu'en 1946 ; note leurs échanges qui paraîtront ultérieurement.
- **1945** Expose ses dessins à la galerie Renou et Colle. Réalise en photographie les décors du ballet *Le Rendez-vous* de Jacques Prévert.
- **1947** Réalise le décor photographique de la pièce de Raymond Queneau *En passant*.
- **1948** Épouse Gilberte Boyer. Écrit *Histoire de Marie*, préfacée par Henry Miller.
- **1949** Naturalisé français. Réalise le décor photographique de la pièce d'Elsa Triolet *D'amour et d'eau fraîche*. Publie *Les Sculptures de Picasso*.
- **1950** Réalise les décors de *Phèdre*, ballet de Jean Cocteau.
- **1952** Publication de sa première monographie par l'éditeur français Robert Delpire et première exposition personnelle de ses photographies en France, à Nancy.
- **1956** Réalise son unique court-métrage, *Tant qu'il y aura des bêtes*, primé à Cannes. Edward Steichen réalise pour le Museum of Modern Art de New York son exposition *Graffiti*.
- **1957** Premier voyage aux États-Unis où il photographie la Louisiane en couleurs pour le compte du magazine *Holiday*. Fait la connaissance de Robert Frank et Walker Evans.
- **1960** Termine les textes et la maquette de son livre *Graffiti*.
- **1962** Expose ses « Graffiti » à la galerie Daniel Cordier, à Paris.
- **1963** Exposition rétrospective à la Bibliothèque nationale.
- **1964-65** Publie *Conversations avec Picasso*, qui sera traduit dans une vingtaine de pays.
- **1968** Expose ses sculptures, dessins et gravures à la galerie du Pont des Arts. Le MoMA, à New York, lui consacre une rétrospective.
- **1971** Exposition de graffiti couleurs à la galerie Rencontre. Reçoit une commande de l'État français pour une tapisserie réalisée à partir des graffiti.
- **1974** Invité d'honneur des Rencontres internationales de la photographie, à Arles.
- **1975** Publie *Henry Miller grandeur nature*, bientôt suivi de *Henry Miller, rocher heureux*.
- **1976** Publie chez Gallimard son *Paris secret des années 30*. Est élevé à la dignité de chevalier de la Légion d'honneur.
- **1977** Conférence au MIT de Cambridge et à la Columbia University. Publie *Paroles en l'air*.
- **1978** Reçoit le Grand Prix national de la photographie.
- **1982** Parution des *Artistes de ma vie*, récompensé du Prix de la Société des gens de lettres en 1983.
- **1984** Termine son ouvrage sur Proust. Meurt en juillet à Beaulieu-sur-Mer.

BRASSAÏ • BIOGRAPHY

• **1899** Born Gyula Halász on September 9 in Brassó (Braçov), Transylvania.

• **1903–4** First trip to France, where his father spent a sabbatical year.

• **1918–19** Studied under Mattis-Teutsch at the Academy of Fine Arts in Budapest.

• **1921–22** Enrolled in the Academy of Fine Arts in Berlin and received his diploma. Met his artist friends: Moholy-Nagy, Kokoschka, Kandinsky, Tihanyi, and the composer Varèse. Made drawings and engravings but above all developed his artistic and intellectual approach to the world by adopting Goethe as his mentor.

• **1924** Arrived in Paris in January, never to return to his home country. Became a journalist to make a living, and spent his nights with a group of artists—mostly Hungarian and German—in the heyday of Montparnasse.

• **1925** Met writer Henri Michaux and photographer Eugène Atget, whose photographs he greatly admired.

• **1933** Worked with André Breton, Paul Éluard, Robert Desnos, Salvador Dalí, and others for *Le Minotaure* and Albert Skira. First solo show at the Batsford Gallery, London. Published *Paris by Night*.

• **1935** Moved to the 14th arrondissement of Paris, which became the base for his photographic explorations. Set up a darkroom in his apartment. Bought a Rolleiflex. Met Matisse and took portrait photos of him.

• **1937** Began working for art directors Carmel Snow and Alexey Brodovitch at *Harper's Bazaar*, a partnership that would last for more than twenty-five years. Published articles and photographs in numerous French and foreign magazines.

• **1939** At Matisse's request, executed a series of studio *Nudes*, followed by a series on Picasso in his studio for *Life*.

• **1940–42** Fled to Cannes with the Prévert brothers and some of their group, but soon decided to return to Paris where he had left his negatives. Refused to apply for a work permit from the Germans, yet rejected an invitation to emigrate to the United States. On Picasso's advice, began drawing again.

• **1943** Wrote *Bistro-Tabac* about the absurdities of the Occupation era. Photographed Picasso's sculptures in his studio, until 1946. Jotted down their conversations, which would later be published.

• **1945** Exhibited his drawings at the Renou & Colle gallery. Took photographs for the sets of *Le Rendez-Vous*, a ballet by Jacques Prévert.

• **1947** Took photographs for the set of *En Passant*, a play by Raymond Queneau.

• **1948** Married Gilberte Boyer. Wrote *Histoire de Marie*, with a foreword by Henry Miller.

• **1949** Became a French citizen. Took photographs for the set of *D'Amour et d'Eau Fraîche*, a play by Elsa Triolet. Published *Les Sculptures de Picasso*.

• **1950** Took photographs for the set of Jean Cocteau's ballet *Phèdre*.

• **1952** Publication of the first monograph devoted to his work, by French publisher Robert Delpire, and first solo show of photographs in France (in Nancy).

• **1956** Directed his only short film, *Lovers and Clowns*, which won a prize at the Cannes Film Festival. Edward Steichen hosted his *Graffiti* exhibition at the Museum of Modern Art in New York.

• **1957** First trip to the United States, where he took color photographs in Louisiana for *Holiday* magazine. Met Robert Frank and Walker Evans.

• **1960** Completed the text and layout for his book *Graffiti*.

• **1962** Exhibited his *Graffiti* series at the Daniel Cordier gallery, Paris.

• **1963** Retrospective exhibition at the Bibliothèque Nationale, Paris.

• **1964–65** Published *Conversations with Picasso*, which would be translated into twenty languages.

• **1968** Exhibited sculptures, drawings, and engravings at the Pont des Arts gallery, Paris. MoMA in New York hosted a retrospective show of his work.

• **1971** Exhibited color photographs of graffiti at the Rencontre gallery, Paris. Commissioned by the French government to design a tapestry based on graffiti.

• **1974** Guest of honor at the Rencontres Internationales de la Photographie festival in Arles, France.

• **1975** Published *Henry Miller: The Paris Years*, shortly followed by *Henry Miller: Happy Rock*.

• **1976** Gallimard published his *Secret Paris of the '30s*. Awarded the rank of Chevalier de la Légion d'Honneur.

• **1977** Gave lectures at MIT in Cambridge and Columbia University in New York. Published *Paroles en l'Air* (Idle Talk).

• **1978** Awarded France's Grand Prix National de la Photographie.

• **1982** Publication of *The Artists of My Life*, which received a prize from the Société des Gens de Lettres in 1983.

• **1984** Completed his book on Proust. Died on July 7 at Beaulieu-sur-Mer, France.

Sous la direction de : Philippe Ribeyrolles
Responsable éditoriale : Gaëlle Lassée
assistée d'Anaïs Rougale
Direction artistique : Jean-Yves Quierry
Fabrication : Titouan Roland
Photogravure : Les Artisans du Regard

Achevé d'imprimer par Toppan Leefung (Chine) en mars 2017

Edited by Philippe Ribeyrolles
Editorial Director: Kate Mascaro
Editor: Helen Adedotun
Art Direction and Design: Jean-Yves Quierry
Production: Titouan Roland
Color Separation: Les Artisans du Regard, Paris

Printed in China by Toppan Leefung

© Flammarion, S.A., Paris, 2017
© 2017, Estate Brassaï
© Succession Picasso 2017 pour les photographies mettant en scène Picasso / for the photographs featuring Picasso

Distribution en langue française
ISBN : 978-2-08-141223-1
N° d'édition : L.01EBAN000512.N001

English-language distribution
ISBN: 978-2-08-020314-4

Tous droits réservés.
Aucune partie de ce livre ne peut être reproduite ou transmise sous quelque forme que ce soit et par aucun moyen électronique, mécanique ou autre sans l'autorisation écrite de l'éditeur.

All rights reserved.
No part of this publication may be reproduced in any form or by any means, electronic, photocopy, information retrieval system, or otherwise, without written permission from Flammarion, S.A.

Flammarion, S.A.
87, quai Panhard et Levassor
75647 Paris Cedex 13
editions.flammarion.com

Dépôt légal: 05/2017
17 18 19 3 2 1